宮崎の建築と街並み

宮崎県全体
大分県
熊本県
宮崎県
鹿児島県
日向灘
熊本
八代市
八代
九州自動車道
JR肥薩線
人吉
くま川鉄道
えびの市
えびの
えびのJct
JR吉都線
小林市
小林
高原
霧島山
高千穂峰
九州自動車道
溝辺鹿児島空港
加治木
国分
鹿児島湾
鹿児島
桜島
鹿児島市
JR日豊本線
大隅半島
志布志湾
福島川
本城川
都井岬
古祖母山
天岩戸神社
大崩山
高千穂町
高千穂神社
高千穂鉄道
北方町
延岡市
北川町
北浦町
JR日豊本線
延岡南道路
向坂山
国見峠
国見岳
日之影町
上椎葉ダム
日向椎葉湖
日向市
細島港
東郷町
耳川
美々津港
尾鈴山瀑布群
都農神社
市房山
一ツ瀬ダム
板谷川
米良街道
川南町
木城町
杉安峡
西都原古墳群
高鍋町
小丸川
西都市
西都
東九州自動車道
一ツ瀬川
佐土原町
綾南ダム
本庄川
綾町
国富町
野尻町
シーガイア
一ツ葉道路
宮崎神宮
宮崎西
岩瀬川
宮崎市
宮崎港
大淀川
清武
宮崎空港
清武Jct
宮崎
高崎町
清武町
田野
JR日豊本線
宮崎自動車道
山田町
都城
こどものくに
青島
三股町
都城市
谷之城トンネル
北郷町
鵜戸神宮
飫肥城址
日南市
広渡川
油津港
JR日南線
南郷町
串間市
N
0
10
20km
220
326
218
503
327
388
265
446
10
219
265
268
10
223
221
222
220
448

目次

宮崎の建築◉藤森照信　6

県北広域圏　延岡市・日向市・高千穂町・日之影町・北方町・北川町・北浦町・五ヶ瀬町・門川町・東郷町・諸塚村・北郷村・西郷村・南郷村・椎葉村　9

県央広域圏　宮崎市・西都市・都農町・川南町・木城町・高鍋町・新富町・佐土原町・国富町・綾町・高岡町・清武町・田野町・西米良村　41

県西広域圏　都城市・小林市・えびの市・野尻町・高原町・高崎町・高城町・山田町・山之口町・三股町・須木村　79

県南広域圏　日南市・串間市・北郷町・南郷町　91

「寺社建築」用語の読み方　116

「寺社建築」図解　119

掲載作品の手引き　123

取材・編集を終えて◉駒見宗信　127

宮崎の建築

藤森照信（建築史家・東京大学教授）

宮崎の2文字を目にして、まず浮かんでくるのは神話の世界だ。天上の神々が最初に降りたって人間になった地は宮崎だという。古には日向（ひむか）といった。太陽（日）に向かう土地、たしかに九州の中で、その東側が海に開け、海以外にはなにも見えず、海の向こうから朝日が昇るのは宮崎しかない。神々は、そしてその子孫たちは太陽を最高神として仰いだというが、九州の中では宮崎がそれに一番ふさわしい。いくつか古代をしのばせる空間がある。たとえば、太陽神の天照大神が隠れたという天岩戸を祀った「天岩戸神社」（1986年改築）は、地方には珍しく様式も材料も本格的な唯一神明造となっている。

さすが宮崎、神社には優品が多い。「大御神社」（1934年）と「三ヶ所神社」（1818年）は神社ファンには見逃せない。大御神社は名からしてただごとではなく、朝日を迎える海岸に立つ。祭神はもちろん太陽神の天照大神。三ヶ所神社は、江戸時代の最盛期につくられただけのことはある。高い縁側を木組みで支えるのも立派だし、随所に取りつく彫刻もすごい。虹梁をまるごと龍にするのも珍しい（ないわけではない）が、龍が柱との接点で身体をひとひねりして振り向くというアクロバティックなつくりは、はじめてお目にかかった。江戸の社寺建築のバロック化の典型例として評価してよいだろう。

神社につづいてはお寺、と運ぶのが他の府県では決まりだが、宮崎はそうはいかない。語るに足るような寺院建築が見当たらないのだ。神話の国日向だからと思っていたが、本当の理由は明治維新のときの廃仏毀釈だという。仏教寺院そのものが徹底的に排撃され、ほとんど消滅してしまったのである。

つぎに、民家を見てみよう。他の地方の民家を見慣れた目には、「椎葉型」が新鮮に映るが、各部屋が日本の定番民家のように田の字型に配置されず、かわりに横一列に並ぶ。「鶴富屋敷」（1823年）が好例で、土間を含むと5つの場が横一列に並び、その長さは田の字型にくらべて際立つ。

茅葺きの農家につづき、多くの商家（専門的にいうと町屋）について。江戸から明治の半ばにかけ、住宅系の建物で最も密度が高く充実していたのは、農家でも武家屋敷でもなく町屋であった。間口は狭く、背も高くないから一見すると地味に見えるが、内部に一歩入ると奥はどこまでつづくかとあきれるほど深く、使われている材料は太く立派で、細工もすぐれている。そうした近世から近代初頭にかけて充実を見せる町屋としては、「旧廻船問屋河内屋」（1855年）、「旧清水家住宅」（江戸末期）、「旧後藤家商家」（1900年頃）、「日南市商家資料館」（1870年）の４つが好例だ。江戸から近代へと時代が進むにつれ、低かった2階が高くなり、ファサードの表情が豊かになるのが見てとれる。町屋の江戸から明治への変化とは、一言でいうなら、頭を低くしていた建物が面（おもて）をあげたことである。

では、町人と経済上では対立関係にあった武士の住まいは、どうであっただろう。江戸時代、日向の地は多くの外様大名が分割統治していた。そのせいで各藩の領地は狭くなり、藩の財政はきびしく、当然のように武家の住宅は小さくならざるをえない。高鍋城下の「旧黒水家住宅」(1804年)、高鍋藩主秋月種樹の別邸「萬歳亭」(1987年復元)、飫肥城下の「旧伊東伝左衛門家住宅」(19世紀初期) の3軒とも、規模がたいへん小さい。領主の住まいが狭いだけでなく、外様大名として、幕府のきびしい視線を常に意識していたからに違いないが、城も武家屋敷も抑え気味につくられていた。

つぎに街並みについて。高鍋武家屋敷群と飫肥武家屋敷群の2つが目立ち、とりわけ飫肥は国の伝統的建造物群保存地区の指定を受けている。町屋の群としては、港町として繁栄した日向市の美々津は見ごたえがある。

近代に移ろう。明治のものでは「宮崎神宮旧徴古館」(1907年) が目を引く。伝統のナマコ壁を使った擬洋風建築にほかならない。明治初期に流行しているが、どうしてこの時代に突発したのだろうか。

「鞍崎燈台」(1884年) は鉄筋コンクリート造といわれているが、鉄筋の入らない無筋コンクリートの可能性のほうが高い。いずれにせよ、本邦初のコンクリート造としてきわめて重要である。

大正では、「大塚医院看護婦宿舎」(1915年)、「旧鹿児島銀行飫肥支店」(1913年)、「旧飯田医院」(1924年頃)、「旧梅村医院」(1925年)、「旧田原村役場」(1916年) が、地方における木造建築の大正期のあり方をよく示し、明治に隆盛した下見板張りが中小の洋館ではまだ主流をなしている。そうした下見板張りが主流の中で、突発的に現れたのが銅板張りの「杉村金物店本店」(1932年) で、全国的にもこの時期の銅板張りの仕上げは珍しい。金物店ゆえの銅か。

大正期の本格的洋風建築としては、「旧第一勧業銀行宮崎支店」(1926年) がある。プロポーションもディテールも本格的で、この時期の宮崎を代表する建築といえよう。

昭和に入ると、なんといってもまず「宮崎県庁本館」(1931年)、次いで「平和の塔」(1940年) が際立つ。県庁本館はゴシック系のアール・デコで飾られ、平和の塔も同じくアール・デコの表現となっている。平和の塔は、八紘基柱として建てられているが、神話の国日向の戦前最後の華といえよう。デザインは、当時を代表するモダンな彫刻家の日名子実三による。

戦後のものは数多く残り、一流建築家の手になるものも少なくないが、全国的によく知られるものとしては、丹下健三の「日南市文化センター」(1962年) と菊竹清訓の「都城市民会館」(1966年) がある。20世紀後半の世界を代表するタンゲの作品を持つことの意味は、これからますます大きくなるだろう。

近年の作では、広瀬鎌二の「西都原古代生活体験館」(1997年) はもっと注目されてしかるべきだろう。広瀬は日本の木造の伝統と近代の鉄骨技術の両方に深い見識を持つ建築家として知られる。古墳時代の木造建築のルーツを南方に求め、このようなデザインにしたのだろう。

建築以外になるが、宮崎が、江戸から近代にかけての石造アーチ橋の伝統を持つことを、はじめて知った。長崎・熊本・鹿児島の陰に隠れがちだが、この地にも長く生きていたのである。

集落全体が石工の里であった可能性もあるという、戸川の集落の石造建築とあわせて、宮崎の石の建築文化の充実には目を見張るものがある。

掲載内容について

❶ 宮崎県内に現存する主な古典建築・近代建築・現代建築を収録した。
❷ 掲載作品は、歴史的評価が定まっているもの、意匠的・構法的観点からみて優れているもの、景観や地域に密着して親しまれているもの、社会性や話題性に富んだものなどを基準に、総合的に判断した。
❸ 原則として、神社・寺院・美術館・博物館・庁舎など公共性を有した建築で、容易に見学ができるものを中心に選定している。
❹ プライバシーや保安上の問題を尊重しなければならない建築は、たとえ❷の条件を満たしていても掲載していない場合がある。
❺ 掲載作品の解説は、文献・関連資料などをもとに客観的な説明に心掛けた。
❻ 地域区分は見学者の便宜を考え、全県を4広域圏に区分した。また、各市町村における掲載順序は、原則的に建築年の古い順とした。
❼ 巻末には、寺社建築の主な部位名とその読み方、用語解説・図解を付した。寺社建築特有の表現と用語の理解に資すればと考える。
❽ 巻末の「掲載作品の手引き」は読者の便宜を考え、全掲載作品を50音順に列記した。

表記について

❶ 建築名＝文献および雑誌等における発表時の名称に準拠した。所有者や名称が変更されたものは、現名称と旧名称（／以降）を併記した。
❷ 建築年＝建築年が特定できないものは、「〜期」「〜頃」「〜年間」と表示した。
❸ 設計者＝設計事務所名は、設計時の名称に基づいている。
❹ 施工者＝共同建設の場合は、「〜建設」「〜組」等の名称は省略した。
❺ 指　定＝国（県・市）指定有形文化財の「有形」の名称は省略した。
❻ 所在地＝県名の後に続く「〜郡」は省略した。
❼ 最寄駅＝その建物にいくための、鉄道路線名と降車駅名を記した。
❽ 交　通＝その建物にいくための、国道または県道の号線を示した。
❾ 特　記＝「非公開」と表示したものは、誌面上で鑑賞されたい。

表示について

● 古典建築＝建築様式および建築年代（明治以前）による分類
● 近代建築＝建築年代（明治以降戦前まで）による分類
● 現代建築＝建築年代（戦後から現在まで）による分類
● 景観・街並み＝伝統（歴史）的建築によって構成される建築群
● 石橋＝石積み工法による橋梁

県北広域圏

延岡市・日向市・高千穂町・日之影町・北方町・
北川町・北浦町・五ヶ瀬町・門川町・東郷町・
諸塚村・北郷村・西郷村・南郷村・椎葉村

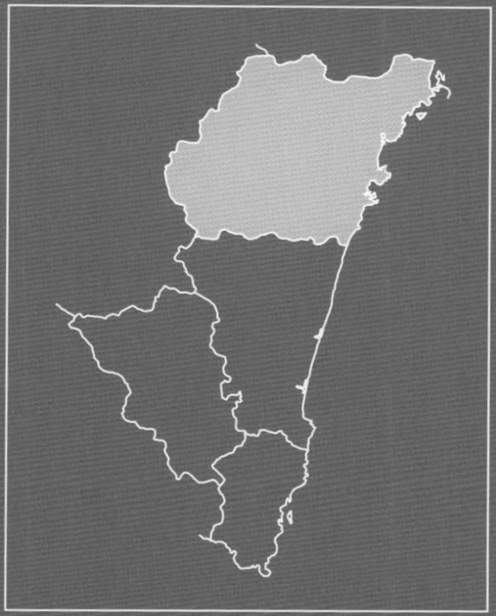

日高家住宅

建築年／明治35年（1902）
設計者・施工者／不詳
所在地／延岡市赤水町526
最寄駅／JR日豊本線「延岡駅」
特　記／非公開

木造2階建て、広大な敷地内に数棟の建物が建てられている。中にはレンガ造の倉庫もあり、これらの建物を囲う石塀と堤防の石垣が海と調和して、美しい景観をつくり出している。

青山眼科医院

建築年／昭和6年（1931）
設計者・施工者／不詳
所在地／延岡市博労町4-16
最寄駅／JR日豊本線「延岡駅」

県内に現存する数少ない昭和初期の洋風医院建築である。外壁をはじめ屋根・マンサード回りは、手が加えられ、改装された部分がうかがえるが、それでも建設当時の雰囲気は十分に見てとれる。施主の建物に対する愛情が伝わってくる。

延岡市公民館／野口記念館

建築年／昭和30年（1955）
設計者／日建設計
施工者／大林組
所在地／延岡市東本小路119-1
最寄駅／JR日豊本線「延岡駅」

野口記念館は市の公共施設群の中心にある。道路側に面したファサードは、全面スチールサッシュのガラス張りで、この地区の象徴的存在の建築である内部では、ホワイエは客席後部と同レベルで道路側に設けられている。ホワイエは6本の円柱が連なり、ガラス面からは外部の自然光が入り、明るく開放的な雰囲気となっている。建物の側面の玄関ホール前にはRC造の円筒シェルの庇がつけられ、建物全体にアクセントを与えている。この記念館は、わが国で昭和30年代に全国を席巻したインターナショナルスタイル建築の典型ということができる。

●日向市歴史民俗資料館／旧廻船問屋河内屋

建築年／安政2年（1855）
昭和58年（1983）復元
設計者／不詳
指　定／市指定文化財
所在地／日向市美々津中町
最寄駅／JR日豊本線「美々津駅」

この建物は、美々津に数件残されていた廻船問屋の中で、もっとも規模が大きかった「旧河内屋」を復元・改築したものである。市が持主から土地とともに寄贈をされたのを機に、国と県から補助を受けて歴史民俗資料館として再生させたものである。
保存地区にあって中心的建物で、関西風の通り庭をもつ大型の町家で、3室が2列に配置され一部は土間となっている。改修前は通り庭の右手に6畳2間の廊下をもつ棟があったが、この部分は増築部分であったため、復元の際取り除かれた。
建物の正面は妻入り2階建てに通し庇が付けられ、京格子や虫籠窓などが設けられているのが特徴である。
内部は箱階段や隠階段、吹抜け部分もあり、変化のある空間構成になっている。

●日向市中央公民館

建築年／昭和56年（1981）
設計者／石本設計事務所
施工者／吉原建設
所在地／日向市中町8150
最寄駅／JR日豊本線「日向市駅」

この公民館は、コンペによって採用されたものである。建物の近くを鉄道が通っているため、騒音と振動防止に配慮することと、将来の増築（1,300名収容の大ホール）が条件としてあげられた。
現在は、500名の中ホールといくつかの小ホールで構成されている。外観は白を中心にまとめられ、増築を見込んで駐車場も余裕をもって設けられている。

●細島験潮場建屋

建築年／明治25年（1892）
設計者／陸軍工兵廠（唐沢忠備）指導
施工者／大坂土木
指　定／市指定文化財
所在地／日向市大字細島（細島商業港）
最寄駅／JR日豊本線「日向市駅」

陸軍工兵廠の唐沢忠備によって、設置位置が選定され建設がおこなわれたが、海底の基礎部分に木材が用いられたため、海虫にまたたくまに侵蝕され、翌年の8月には改築しなければならなくなった。
改築工事では土台部分は石積みとし、外壁はレンガ積み、屋根は桟瓦葺きであった。外壁は後の改造工事でモルタル金鏝仕上げとなった。建敷地面積はわずか5坪（16.5㎡）。改築工事は陸地測量手柳瀬信誠が担当した。ちなみに大坂土木の請負金額は当時の金額で984円92銭、1年後の改築工事では合計で266円56銭。規模の小さい建屋にしては、総額で1,250円以上の費用を要したことになる。日本に現存する験潮場建屋としては、最古のものである。

●細島みなと資料館／旧高鍋屋旅館及び付属屋

建築年／大正10年（1921）
設計者・施工者／川本武一郎（棟梁）他
指　定／市指定文化財
所在地／日向市大字細島字八坂町803-1
最寄駅／JR日豊本線「日向市駅」

三輪家は代々高鍋藩に仕え、御用達商人として本陣となる座敷を構え、御仮屋の台所まで酒肴品を献上することを許されていた。屋号の高鍋屋旅館もこれに由来する。大正期に入り、一般客を受け入れるようになり商人たちで賑わった。昭和期には海軍の宿泊所として、戦後は閉館する昭和57年まで、木材加工会社の宿泊所として利用されてきた。

約472㎡の敷地には、木造3階建ての主屋と木造2階建ての付属屋、台所・風呂・便所がある。主屋は間口8.6m・奥行8.97mで、延床面積231.47㎡、屋根は入母屋の本瓦葺き、小屋組は洋小屋が3組配置されるといった構造になっている。

棟梁の川本武一郎をはじめ、川本直義（頭梁）、大工14人、木挽2人によってこれらの建物が施工された。

大御神社

建築年／昭和9年（1934）
設計者・施工者／谷山武義（大工）
指　定／国登録文化財
所在地／日向市日知屋字伊勢ケ浜1
最寄駅／JR日豊本線「日向市駅」

大御（おおみ）神社の敷地は、日向灘を眼下に見下ろす岩壁上にあり、先端の平地部分に本殿・幣殿・拝殿が海を背にして建てられ、天照大神（あまてらすおおみかみ）が祀られている。
本殿は棟持柱をもつ三間社神明造である。本殿と棟を平行に3間×3間の切妻造平入りの拝殿が置かれ、拝殿から本殿に向けて直交棟の切妻屋根を架けて幣殿としている。それぞれの機能を示す本殿・幣殿・拝殿の屋根構成が見事である。

石橋＝本谷昭和橋

建設年／昭和2年（1927）
施工者／小山宇太郎（石工）
指　定／市指定文化財
所在地／日向市大字富高字本谷

原町交差点から西北方向に2kmほどいった富高川に架けられている。この川は川幅もさほどなく水量も少ないが、扁平なアーチ型をさけるため3連アーチとなっている。
二重積みのアーチを支える橋脚は細く、橋面も低い。要石の上はすぐ橋面となっていて、土被の部分が薄いのが特徴といえる。

●街並み＝美々津町家群

指　定／国選定伝統的建造物群保存地区
所在地／日向市美々津（上町・中町・下町一帯）
最寄駅／JR日豊本線「美々津駅」

ここ美々津は、神話の時代から神武東征の船出の場所として、また江戸から明治にかけては、日向灘の河口に栄えた港町として知られている。江戸時代は秋月藩の藩船の停泊港として、千石船が頻繁に出入港し、海上交通の要衝であったといわれていた。さらに日向路の要衝の宿場町としても栄え、いわゆる「美々津千軒」といわれるくらい大いに賑わい、廻船問屋や宿場が軒を連ねていた。明治期に入り、一時は短期間ではあるが県庁が置かれるほど重要な町であったが、やがて鉄道（JR日豊本線）の開通により、物資輸送が海上から陸路に移ったことに伴い、往時の賑わいが薄れていった。美々津は、町の中心を南北に走る通りによって上町・中町・下町の地区に分けられている。下町の大半と中町の一部は、明治時代の大津波の被害に遭ったが、東側は高い防波堤によって護られて被害を免れた。町家はいずれも関西風で、一列または二列の通り庭が設けられている。中でも、中町の中央部に位置する廻船問屋「河内屋」は、代表的な町家である。他に江戸期に建てられた町家が10棟ほど現存している。昭和61年（1986）には、「伝統的建造物群保存地区」に選定されるなど、いまもなお古き宿場町の景観を止めている。

●高千穂神社本殿

建築年／安永８年（1779）
施工者／不詳
所在地／高千穂町大字三田井1037
最寄駅／高千穂鉄道「天岩戸駅」

創建は垂仁天皇の時代と伝えられている。領主有馬氏によって慶長年間に再興されたが、本殿は２度の火災によって焼失し、現在の本殿は、安永８年に再建されたものである。
本殿は総欅造で、県内一の大型五間社流造、　屋根は銅板葺きである。身舎の組物は出組、中備は蟇股、妻飾りは出組上に二重虹梁笈型付き大瓶束である。

旧田原村役場

建築年／大正5年（1916）
設計者・施工者／不詳
所在地／高千穂町大字河内36
最寄駅／高千穂鉄道「高千穂駅」・国道325号

熊本県と県境を接する河内（旧田原村）の役場建築である。木造2階建てで、外壁は下見張り。県内では数少ない大正期の建築で、正面入口回りのデザインや整然と割り付けられた窓、屋根の形状などに、当時の建築様式のテーストを感じとることができよう。

中畑神社本殿

建築年／天保13年（1842）
施工者／桑野内・大工久次郎
所在地／高千穂町大字押方字中畑
最寄駅／高千穂鉄道「高千穂駅」・国道218号

中畑神社は建磐龍命（たけいわたつのみこと）を祀っている神社である。つくりは三間社流造で、屋根は鉄板葺き。身舎の円柱は足元貫、切目・内法長押と頭貫、台輪で固められている。組物は出組、妻飾りは出組上に張り出す二重虹梁大瓶束で、虹梁の間に2本の大瓶束を立てて下端に支輪をつけている。
内部は畳4枚が敷かれ、奥に高棚を構えて、内法長押を巡らして竿縁天井を張っている。総欅造で龍の部分（中柱）に彩色、支輪に黒色のあとが見られるところから、建立時には極彩色の社殿であったと想像される。

●天岩戸神社本殿・拝殿

建築年／昭和61年（1986）改築
施工者／不詳
所在地／高千穂町大字岩戸1073-1
最寄駅／高千穂鉄道「天岩戸駅」

本殿には天照大神（あまてらすおおみかみ）が祀られている。拝殿の裏手岩戸川の対岸にある洞窟が、神話にも出てくる「天の岩戸」である。本殿は総檜造である。

石橋＝神橋

建設年／昭和22年（1947）
施工者／不詳
所在地／高千穂町大字高千穂峡
架設地／国道218号経由

昭和30年に高千穂大橋が、神橋の真上に架けられてから神橋はあまり利用されなくなった。それまで深い峡谷に架けられた神橋は、周囲の景色に溶け込み美しい景観美を形成していた。アーチは扁平で要石の土被も薄く、単一のアーチ橋として県内最長を誇っていた。アーチの内側はコンクリートで補強されている。

英国館

建築年／大正末期
設計者／不詳
施工者／自営
指　定／国登録文化財
所在地／日之影町大字見立2234-2
最寄駅／高千穂鉄道「日之影温泉駅」

旧見立鉱山の経営者ハンス・ハンター（イギリス人）が、ここで働く技師たちとともに自宅兼クラブハウスとして建てたものである。木造平家建て、屋根は切妻屋根の鉄板葺き。丸太材の梁、簡素な暖炉、横長の連続する窓など、和洋を巧みに融合させた山荘風の建築である。現在は、町の展示資料施設として使われている。設計者がアントニン・レーモンドとの説があるが、確かな史料がないため不明である。デザインがレーモンド風であることから、レーモンドの設計としたのかもしれない。しかし、むしろ施主ハンター自身の設計によるものと想像されるが。

●景観＝石垣の村・戸川地区

所在地／日之影町大字七折一帯
最寄駅／高千穂鉄道「日之影温泉駅」

日之影川の中腹に戸数わずか7戸の戸川地区の集落が、急斜面にへばりつくように建てられている。大小の自然石が巧みに積み上げられ、住まいをはじめ、石垣・石蔵、棚田を囲う石垣までが整然と積まれ、美しい景観を形成している。石垣が築かれたのはいつの頃からかは定かでないが、嘉永から安政年間にかけて築かれたと記録に残されている。江戸城の石垣の修復にも、この集落の人々が招かれたといわれ、集落全体が石工職人が住む村であった。

石橋＝鶴の平橋

建設年／江戸末期
施工者／不詳
所在地／日之影村大字岩井川字松の木

秋元川に架けられ左岸は高千穂町鶴の平、右岸は日之影村松の木である。県道の松鶴橋の上流200mほどのところにある。
鶴の橋の橋面は左岸側から右岸側にかけて登り勾配になっている。以前は中央部が高くなった太鼓橋状の橋であった。壁面は現在コンクリートが吹き付けられて改装されている。

南州翁寓居跡／旧児玉家住宅

建築年／明治3年（1870）
設計者・施工者／不詳
指　定／県指定史跡
所在地／北川町大字長井6727
最寄駅／JR日豊本線「日向長井」

西南の役の際、当時薩摩藩であったこの周辺は戦場と化した。熊本から敗走してきた薩摩軍の最後の決戦場でもあり、西郷隆盛はここ児玉家に本陣を置き寓居した。児玉家住宅は約30坪の茅葺き平家の質素な住まいであった。やがてここでも官軍に敗れ、最後は鹿児島・城山で自害することになるが、この住宅も歴史のひとコマの舞台として登場したわけである。

●廻淵天神社本殿

建築年／18世紀初期
施工者／不詳
指　定／町指定文化財
所在地／五ケ瀬町大字三ケ所字廻淵
交　通／国道503号またはフォレストピア六峰街道経由

廻淵（まぐりぶち）天神社本殿は三ケ所神社の旧本殿を転用したものといわれている。建立は元亀2年（1572）と伝えられるが、様式や手法、風蝕状況から判断すると、享保頃の建立ではないかと推測される。
形式は中型の三間社流造で、建物全体に改造した部分が多く見られる。もとは彩色の社殿であったと思われる。

●三ケ所神社本殿

建築年／文政元年（1818）
施工者／豊後原浦牧彦兵衛（大工棟梁）
指　定／町指定文化財
所在地／五ケ瀬町大字三ケ所8736
交　通／国道503号またはフォレストピア六峰街道経由

三ケ所（さんがしょ）神社には、イザナギノミコトとイザナミノミコトの夫婦の神が祀られている。
古くは二上神社または二上（神）大明神と称したが、明治２年に三ケ所神社と改称した。天孫降臨の聖地である二上山に三ケ所神社を奥宮、末社として二上山稲荷神社と二上山山神社、奥宮の下に二上山乳ケ巖水神社がそれぞれ建立されている。また三ケ所神社の旧本殿は、「廻淵天神社」の本殿に転用されたと伝えられている。
本殿の形式は三間社流造で、屋根は銅板葺きである。身舎は円柱を切目・内法長押と頭貫で固め、組物は尾垂木付き三手先、中備は蟇股状彫物で、軒支輪と瑞雲の浮彫板が付けられている。妻飾りは三手先上に、二重虹梁笈形付きの大瓶束が組まれ、虹梁間に龍の彫物が施されている。向拝は几帳面取り角柱に水引き虹梁を渡している。組物は平三斗、両端はは連三斗で手挟を付けて、中備には彫物を施し、身舎とは海老虹梁で結んでいる。

●祇園神社本殿

建築年／天保15年（1844）
施工者／不詳
指　定／町指定文化財
所在地／五ケ瀬町大字鞍岡字寺村
交　通／国道265号経由

創建は大和朝時代とも平安時代前期ともいわれているが、正確なところは不明である。大友宗麟の侵攻によって焼失し、享保5年に現在地に本殿が再建され、以後20年ごとに茅葺き屋根が葺き替えられてきたといわれている。
現在の本殿は、天保15年に建立されたことが棟札から知ることができる。屋根は茅葺きから昭和52年に銅板葺きに替えられた。

●金光寺山門・鐘楼

建築年／山門＝天保11年（1840）
　　　鐘楼＝寛延3年（1750）
施工者／山門＝作兵衛（棟梁）
　　　鐘楼＝不詳
指　定／町指定文化財
所在地／五ケ瀬町大字鞍岡字寺村
交　通／国道265号経由

金光（こんこう）寺の境内は解放的である。前面道路側にただ石垣を積んだだけの簡素なもので、山門も扉もつかず、道路から本堂入口を見通すことができる。
山門は角柱のみで構成されていて、柱上端の装飾部分と好対照を見せている。細部は大胆な処理が施され、工匠の創意を随所にみることができる。天井面は棹縁天井となっていて、山門としては珍しいつくりである。
鐘楼も以前は草葺きであったと推測される。山門同様に開放的で、柱や貫なども細い部材でつくられ、柱上の組物や柱間の装飾も比較的細く、やさしいつくりである。

●性虎八幡宮本殿

建築年／安政5年（1858）
施工者／松尾安太（大工棟梁）
指　定／町指定文化財
所在地／五ケ瀬町大字桑野内字横道
交　通／国道218号・県道8号経由

性虎（しょうこ）八幡宮の本殿には芝原又三郎性虎が祀られ、背後には一族の墓がある。社殿は総欅造の三間社流造で、屋根は現在鉄板葺きに替えられている。建立年代は、棟札から知ることができる。もとは社殿に彩色が施されていたと推測される。台輪や実肘木が繰形をとっていないので、やや粗雑感は否めない。

赤沢家住宅

建築年／明治中期頃
設計者・施工者／不詳
所在地／門川町大字門川尾末8990
最寄駅／JR日豊本線「日向市駅」・国道388号経由
特　記／非公開

広い敷地をもち、入母屋造・桟瓦葺きの主屋をはじめ、石蔵や隠居屋などが建設当時のままの配置で残されている。
敷地正面の門は武家屋敷門を思わせるほど格調が高い。典型的な豪農の住まいである。

若山牧水生家

建築年／弘化2年（1845）頃
設計者・施工者／不詳
指　定／県指定史跡
所在地／東郷町大字坪谷3
交　通／JR日豊本線「日向市駅」・国道446号経由

木造2階建て、屋根は切妻屋根で桟瓦葺き、平入りで延床面積約74㎡。
歌人若山牧水の生家で、祖父・父とも医者であった。この住宅は祖父の時代に建てられたもので、保存状態もよく質素ではあるが風格のある住まいである。
隣接して建つ「牧水記念館」は、牧水の長男旅人（たびと）の設計によるものである。

石橋＝瀬戸橋

建設年／明治44年（1911）
施工者／衛藤精一（石工）
指　定／町指定文化財
所在地／東郷町大字坪谷字多武ノ木

県史跡である「牧水記念館（若山牧水生家）」から西方約1.5kmにある。起拱石の下部に石厚450mmの石を4段に積み、その上にアーチを架けている。
起拱石から要石まで14段、さらにそこから橋面まで9段積み上げている。アーチ部分の石厚は600mmと堅牢なつくりとなっている。

●全長寺

建築年／昭和19年（1944）
施工者／不詳
所在地／北郷村大字宇納間1
交　通／国道388号経由

山門の石段越しにみる本堂はなかなか見ごたえがある。本寺は地元に密着した親しみのある寺で、「火切り地蔵」が祀られている。

●中小屋天文台

建築年／昭和63年（1988）
設計者／バウ設計集団
施工者／川辺鉄工所
所在地／北郷村大字宇納間字橋谷
交　通／国道388号・県道210号経由

北郷村役場付近から国道388号線に別れをつげ、県道210号線をひたすら北上するとやがて日之影町の町境の中小屋（なかごや）峠に銀色に輝くドームが見えてくる。
建物の低層部は12面体の平面で、外壁は木材で仕上げられている。愛称の「昴ドーム」のほうがとおりがよい。

石橋＝上野原橋

建設年／昭和11年（1936）
施工者／不詳
所在地／西郷村大字上の原

西郷村役場の南東の国道沿いにある。建設碑には請負人名として菊地輔三郎と三原某の名が刻まれている。しかし石工名ではないと推測される。また同碑には当時の村長や土木出張所長名があるところから、県か村の発注と考えられる。
起拱石下部と橋台の部分はコンクリート造で、壁石が谷積みとなっているのが特徴といえる。

●神門神社本殿

建築年／寛文元年（1661）
施工者／高木庄吉清次（工匠）
所在地／南郷村大字神門字本村
交　通／JR日豊本線「日向市駅」・国道388号経由

神門（みかど）神社本殿は、小振りの七間社流造で、屋根は板葺きで覆屋付き。平面は五間三面庇の特異な形式をとっている。
全体に古めかしい印象を受けるが、かつては彩色された社殿であったことが、うかがい知ることができる。

●西の正倉院

建築年／平成8年（1996）
監　理／（財）建築研究協会
施工者／住友建設
所在地／南郷村大字神門62-1
交　通／JR日豊本線「日向市駅」・国道388号経由

九州山地に囲まれた山あいの里・南郷村は、百済の王族がこの地に流れ住んだという言い伝えがある。またここには、奈良の正倉院に所蔵されている銅鏡と同じものがある。
宮内庁・奈良国立文化財研究所の協力と指導、建設大臣の特別認可の下に奈良の正倉院と同形の建物を再建した。内部をはじめ使用材にいたるまで、忠実に復元した建物である。間口33ｍ、最高高さ13ｍ、奥行き9.1ｍの規模をもち、木部はすべて木曾の天然檜が使用されている。

●那須家住宅／鶴富屋敷

建築年／文政6年（1823）
施工者／不詳
指　定／国指定重要文化財
所在地／椎葉村大字下福良1818
交　通／国道265号経由

日向地方の民謡「ひえつき節」とともに、鶴富姫（平家）と那須大八郎（源氏）の悲恋物語の舞台となったと伝えられている。
一般に「椎葉型」といわれる民家は、土間に続く「うちね」「でい」「こざ」の3室並列形が多いが、この民家は「うちね」と「でい」の間に、さらに「つぼね」が加わった4室並列形の大型の民家である。
桁行25.1m、梁間8.6mの寄棟造。壁は板壁で背面には開口部が設けられていない。屋根は9組の千木が自然木で組まれ、以前は茅葺きであったが、改修の際、現在のような銅板葺きに替えられてしまった。しかし、椎葉型民家の代表的なもので、雄大さと風格は損なわれていない。

●椎葉民俗芸能博物館

建築年／平成9年（1997）
設計者／ケンラン社
施工者／住友建設
所在地／椎葉村大字下福良1822-4
交　通／国道265号経由

椎葉村に代々受け継がれてきた民俗と、郷土芸能を資料や模型などで紹介し、特別展や公演を通して、情報発信の拠点となることを目的として設置された施設である。
ただ単なる観光施設としてではなく、社会教育施設として位置づけている。

県央広域圏

宮崎市・西都市・都農町・川南町・木城町・高鍋町・新富町・佐土原町・国富町・綾町・高岡町・清武町・田野町・西米良村

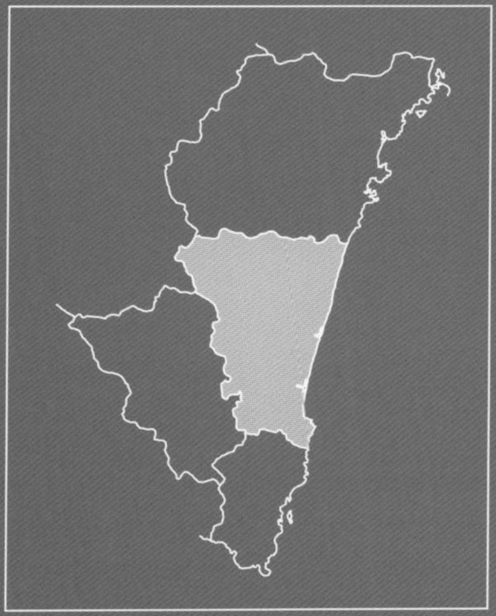

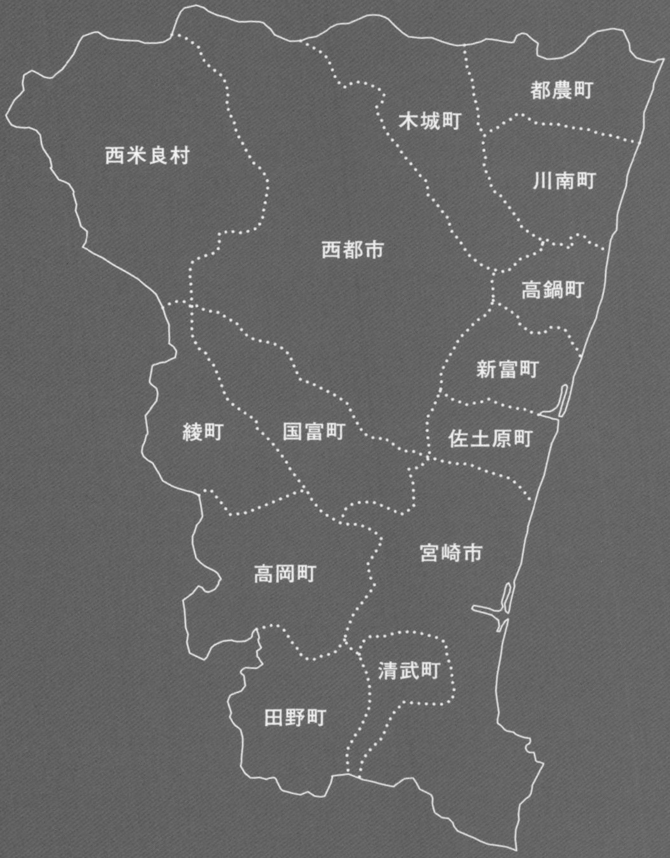

宮崎市街図

みやざき歴史文化館
ワールドコンベンションセンター・サミット
シェラトン・グランデ・オーシャンリゾート
シーガイア
オーシャンドーム
蓮ヶ池駅
池内小
山崎町
26
44
10
平和台公園
平和の塔
東大宮中
トムワトソンゴルフコース
大淀川ゴルフ場
一ツ葉有料道路
宮崎島の内線
大宮小
名田神社
大宮中
宮崎東小
11
宮崎県総合博物館
宮崎県民家園（旧藤田家住宅／旧黒木家住宅／西米良の民家／旧椎葉の民家）
17
宮崎神宮
宮崎神宮駅
平和台大橋
総合文化公園
宮崎神宮旧徴古館
阿波岐原森林公園
宮崎県立図書館
宮崎県立美術館
JRA宮崎育成牧場
宮崎県立芸術劇場
大宮高
運転免許試験場
宮崎東高
浮之島ゴルフ練習場
宮崎公立大
檍中
新別府
宮崎医師会病院
新別府川
みやざき臨海公園
宮崎大付属小・中
宮崎商高
第一ホテル
西池小
西中
一ツ葉稲荷神社
県総合運動場
一ツ葉入江
北署
宮崎大橋
中央卸売市場
日向学院中・高
宮崎中央局
小戸小
宮崎駅
県立宮崎病院
メリディアンホテル
宮崎県立科学技術館
高松橋
ワシントンホテル
文化の森
大塚町流合
宮崎県庁本館
宮崎港小
フェリーターミナル
宮崎女子高
県警本部
宮崎市役所
宮崎県庁南第２別館
宮崎中
宮崎港
橘橋
潮見小
宮崎海洋高
福島家住宅
大淀大橋
宮崎市
220
宮崎工高
小戸之橋
中村交差点
大淀局
宮崎県警察学校武徳殿
大淀川
一ツ葉大橋
恒久小
城ヶ崎
大淀川市民緑地
南宮崎駅
伊満福寺
南部記念体育館
鵬翔高
南九州短大
JR日豊本線
JR日南線
一ツ葉有料道路
源藤
八重川
山内川
赤江
赤江灘
津屋原沼

●旧藤田家住宅

建築年／天明7年（1787）
　　　　昭和53年移築復元
施工者／不詳
指　定／国指定重要文化財
所在地／宮崎市神宮2-4-4
　　　　（宮崎県民家園内）
最寄駅／JR日豊本線「宮崎神宮駅」

南九州ではもっとも古い民家である。復元部分は「どま」のない「へんや」「おもて」の2室で、三方が吹放しの特殊な隠居家らしいもので、家の細部に高千穂地方の民家の特徴が見られる。椎葉形と異なり、この家は広間形である。

●旧黒木家住宅

建築年／天保7年（1836）
昭和50年移築復元
施工者／不詳
指　定／国指定重要文化財
所在地／宮崎市神宮2-4-4
（宮崎県民家園内）
最寄駅／JR日豊本線「宮崎神宮駅」

二棟造（別棟形）の西諸県地方の典型的な民家である。「てのま」によって「なかえ」と「おもて」がつながれている。この別棟形の民家は、現在はほとんど消滅してしまい、わずかに須木村でしか見ることができない。そういった意味で貴重な遺構である。

●西米良の民家
／旧黒木幸見家住宅・馬屋

建築年／不明・昭和48年移築復元
施工者／不詳
指　定／県指定文化財
所在地／宮崎市神宮2-4-4
　　　（宮崎県民家園内）
最寄駅／JR日豊本線「宮崎神宮駅」

西米良村の民家は、ほとんどこの形式でつくられていた。
広間形の形式で、「うちね（広間）」「こざ（奥座敷）」「しもはら（畳敷）」で構成され、縁側はもたない。北側の2室はつくり付けの戸棚、床の間、仏壇などがある。
付属の馬屋は、小型であるがしっかりとした骨組みでできている。右手に瓦葺きの下屋がつけられ、大小が設けられている。

●旧椎葉の民家／旧清田司家住宅

建築年／元治元年（1864）
　　　　昭和52年移築復元
施工者／不詳
指　定／県指定文化財
所在地／宮崎市神宮2-4-4
　　　　（宮崎県民家園内）
最寄駅／JR日豊本線「宮崎神宮駅」

椎葉形の典型的な民家である。「どま」に続き、「うちね」「でい」「こざ」の3室が並列し、前面は3室通しの板縁になっている。各室の北側は、つくりつけの戸棚・押入れなどが設けられている。

●福島家住宅

建築年／江戸中期
設計者・施工者／不詳
所在地／宮崎市中村西1-5-17
最寄駅／JR日豊本線「南宮崎駅」
特　記／非公開

明治期に入って改修されたが、建物の各所に建設当時の面影が残されている。
特に、石積みの塀や門柱、丸瓦の屋根などに見ることができる。非公開のため内部はうかがうことができないが、格調ある住まいの典型ということができる。

●宮崎神宮旧徴古館

建築年／明治40年（1907）
設計者・施工者／不詳
所在地／宮崎市神宮2-4-1
最寄駅／JR日豊本線「宮崎神宮駅」
特　記／非公開

徴古（ちょうこ）館は宮崎神宮本宮の新築の際、同時に計画された。神宮の宝物や奉納品を保存・陳列するための建物である。そのため建物は堅牢性が要求された。
基礎、周囲の雨落しは人造石、屋根は西京産の瓦、壁はなまこ形漆喰塗りとなっている。材料は本宮の余材が使用されている。内部では、天井は格天井、床は上下階とも板張りである。

宮崎県庁本館

建築年／昭和6年（1931）
設計者／置塩章十宮崎県
施工者／大林組
所在地／宮崎市橘通東10-1
最寄駅／JR日豊本線「宮崎駅」

宮崎市の中心の官公庁街にある。建物は鉄筋コンクリート造3階建てで、中央部は一部4階建てとなっている。様式的に見ると、当時流行したネオ・ゴシックスタイルといえる。中央の尖頭部分を中心に左右対称のプランとなっている。
外部の腰部分は石張りで、他の壁面全体は茶褐色をしたスクラッチタイル張りである。ファサード全面にわたって配されている柱形は、すべてパラペット上端より突き出していて、尖頭に装飾が施され、垂直線が強調されているため、ゴシック的な印象を受ける。正面玄関の石張りの車寄せのデザインとともに、建設当時の時代的背景を感じさせてくれる。

●宮崎県庁南第2別館／旧第一勧業銀行宮崎支店

建築年／大正15年（1926）
設計者・施工者／佐伯組
所在地／宮崎市橘通東1-48
最寄駅／JR日豊本線「宮崎駅」

玄関回りや軒先の装飾に、近代建築の面影をうかがうことができる。以前は銀行支店の建物として使われていたが、支店の移転にともない、現在は県庁舎の別館として機能している。

●宮崎県警察学校武徳殿

建築年／昭和9年（1934）
設計者・施工者／不詳
所在地／宮崎市天満町6-1
最寄駅／JR日豊本線「南宮崎駅」
特　記／非公開

宮崎市の郊外、天神山の近くに警察学校の武道場として使われている。武道を志す者の象徴的存在である。
玄関回りに唐破風様の屋根を架け、さらに、上部に入母屋の屋根と軒先に反りをもたせるといった、寺社建築を思わせるつくりである。

平和の塔

建設年／昭和15年（1940）
所在地／宮崎市下北方町・平和台公園内
最寄駅／JR日豊本線「宮崎神宮駅」

塔全体は鉄筋コンクリート造。台座部分は石積みで、塔正面には各地から寄贈された石が、モニュメント（石壁）として据えられている。塔の高さは37m、公園内のシンボル的存在ではあるが、塔正面に「八紘一宇」の文字が刻まれていることからわかるように、第二次世界大戦開戦の前年に建設されている。現在「平和の塔」と呼ばれているが、数奇な運命を経験した「塔」であるということができよう。

●宮崎県総合博物館

建築年／昭和46年（1971）
設計者／坂倉建築研究所
施工者／熊谷組
所在地／宮崎市神宮2-4-4
最寄駅／JR日豊本線「宮崎神宮駅」

敷地は宮崎神宮の中にあり、博物館の他に県民文化ホール、宮崎県民家園など文化ゾーンの中核施設として位置づけられる。
建築の構成は研究管理棟・博物展示棟・美術展示棟に分けられ、それぞれの棟は構造的にも配置の上でも独立している。各棟の仕上げは、内外とも磁器質タイル張りある。

●宮崎県総合青少年センター／青島少年自然の家

建築年／昭和49年（1974）設計者／宮崎県十坂倉建築研究所
施工者／熊谷組
所在地／宮崎市大字熊野字籐兵衛中州
最寄駅／JR日南線「運動公園駅」
特　記／非公開

敷地は宮崎市街から南に約11km、県立運動公園の南端に位置して東側は日向灘に続く。建物は人工池に浮かぶ船をイメージしている。建物の1階部分は主としてパブリック・スペースで構成され、人工池に架かるブリッジによってここに導かれる。
建物全体はL字形をしており、東西軸に管理棟・食堂・体育館を配置し、南北軸は研修関係諸室・プラネタリウム・視聴覚棟で構成されている。建築のテーマが「みず」であるため、各室がなんらかのかたちで「みず」と関わりをもつよう計画されている。

●宮崎県立科学技術館

建築年／昭和62年（1987）
設計者／環境デザイン研究所
施工者／清水他2社建設共同企業体
所在地／宮崎市宮脇町38-3
最寄駅／JR日豊本線「宮崎駅」

建物の隣にはH-1ロケットに実物大の模型が設置されている。また、プラネタリウムのホールは、世界でもっとも大きい規模を誇っている。

●宮崎空港ターミナルビル

建築年／平成2年（1990）
設計者／梓設計
施工者／竹中他建設共同企業体
所在地／宮崎市大字赤江
最寄駅／JR日南線「宮崎空港駅」

敷地は、以前航空大学校の飛行場であったが、大学との共用を条件に新たに拡張され、新空港として誕生した。
日向灘に面し地盤が脆弱なこともあって、防波堤には大量のケーソン（1箱2,000t、長さ20m、幅18m、高さ10m）が据えられ、相当な難工事であったという。滑走路は2,500m級が1本である。
JR日南線に空港線が接続しているため、市街地へのアプローチは容易である。

●宮崎大宮高校100周年記念館

建築年／昭和63年（1988）
設計者／竹中工務店
施工者／竹中工務店
所在地／宮崎市神宮東1
最寄駅／JR日豊本線「宮崎神宮駅」

この同窓会館は、創立（明治21年/1888）100周年を記念して建設された。敷地は校内の旧同窓会館が建っていた跡地である。建物の構成は、1階に2つの補習室と応接室、2階に大会議室と資料室と14畳の和室が設けられ、これらが円形の吹抜け空間（メモリアルホール）で有機的につながっている。

●宮崎県立図書館

建築年／昭和63年（1988）
設計者／安井・宮崎設計共同企業体
施工者／清水他2社建設共同企業体
所在地／宮崎市船塚3-210
（県総合文化公園）
最寄駅／JR日豊本線「宮崎神宮駅」

図書館のある場所は、市の中心部から北方へ宮崎神宮にほど近く、宮崎大学のキャンパス跡地にある。大学の移転に伴い県によって整備され、「県総合文化公園」として位置づけられた。
図書館はこの敷地の北側に位置し、鉄筋コンクリート造2階建て。建物側面の外廊下部分は、円形の列柱が連なりいささかクラシカルな印象を受けるが、中央図書館としての機能は十分備わっている。

●宮崎県立美術館

建築年／平成7年（1995）
設計者／岡田新一・岩切設計共同企業体
施工者／鹿島他3社建設共同企業体
所在地／宮崎市船塚3-210
（県総合文化公園）
最寄駅／JR日豊本線「宮崎神宮駅」

1階はギャラリー、2階はアートフォーラムをはさんで、展示室群が配置されている。それぞれの部屋に準備室を設け、美術品運搬のための大型エレベータが、3階の収蔵庫に直結する。このように諸室が立体的に構成されているのが、この美術館の特徴であるといえる。
県立美術館の建つ敷地は、他に県立図書館、県立芸術劇場があり、「宮崎県総合文化公園」として位置づけられている。

●宮崎県立芸術劇場

建築年／平成5年（1993）
設計者／毛利前田建築設計事務所＋佐藤総合
施工者／飛島他3社建設共同企業体
所在地／宮崎市船塚3-210
（県総合文化公園）
最寄駅／JR日豊本線「宮崎神宮駅」

同じく県総合文化公園の南側に位置し、公園の中央部に位置する「県立美術鵜館」の建物の高さに、軒高をそろえている。
正面に広場と人工池を設け、外廊下部分にダブルコラムの列柱を配して、隣接する図書館の外部デザインと、連続性を意図している。
内部はプロセニアム形式の音楽ホール（アイザックスターンホール）を中心に、演劇ホール、イベントホールで構成されている。

●宮崎フェニックス・シーガイア・リゾート

建築年／平成5年（1993）・平成6年（1994）
企画・基本設計・総合監修／芦原建築設計研究所
所在地／宮崎市山崎町字浜山浜（国有林）
最寄駅／JR日豊本線「蓮ケ池駅」

本計画の中心となる施設は、ホテル棟・コンベンションホール棟、ウォーターパークと、これらの施設を有機的にむすぶ動脈としてのシステムモールがある。

●シェラトン・グランデ・オーシャンリゾート

設計者／清水建設設計本部
施工者／清水他8社建設共同企業体

地上43階・地下2階、高さ154ｍの九州一の超高層ホテル。外壁は白の花崗石張り、高層部分は二等辺三角形の平面形で、外観は見る角度によってさまざまな表情を見せる。低層部は12層分吹抜けのアトリウムで、周辺にロビーラウンジ、店舗などが配置されている。

●オーシャンドーム（上）

設計者／三菱重工業神戸造船所
施工者／三菱重工業神戸造船所

白を基調とした外観で〈繭玉形〉をしたドーム。高さ30ｍの無柱空間で、屋根部分はスライド開閉する。ドームの中央部分は、造波プールと人工の白い砂浜で占められている。3階部分には周回路と飲食施設が設けられている。

●ワールドコンベンションセンター・サミット（下）

設計者／大成建設
施工者／大成他4社建設共同企業体

地上4階・地下2階、5,000名収容可能な会議場。1階部分からはシステムモールの団体客を、2階はメインエントランスとして、システムモールを介して各施設に外部にアクセスできる。2階～4階までの3層が、この施設の主要部分となっている。

●みやざき歴史文化館

建築年／平成4年（1992）
設計者／ラット・みつくぼ設計共同企業体
施工者／森・昭和・大建建設共同企業体
所在地／宮崎市芳士2258-3
最寄駅／JR日豊本線「蓮ケ池駅」

この歴史文化館がある蓮ヶ池周辺は、日本における横穴群の南限とされ、国史跡の「蓮ヶ池横穴群」の古墳がある。建築は周辺の環境に融合するよう配慮され、軒高も低く抑えられている。外観は正倉院をイメージしているかに思わせるが、仕上材や細部の納まりなどから、設計者の手堅い手法が感じとれる。

●都萬神社本殿

建築年／万治4年（1661）
施工者／黒木太郎右衛門尉（大工）
所在地／西都市大字妻1
交　通／国道219号経由

都萬（つま）神社は妻万神社とも書き、地元では「さいまんさま」と呼ばれ親しまれている。本殿は典型的な三間社流造の彩色された社殿である。身舎は円柱を地覆・切目・内法長押と頭貫で固めている。組物は拳鼻つきの平三斗で、隅は連三斗である。中備には本蟇股がつく。妻飾りは二重虹大瓶束で、虹梁の間にも大瓶束と蟇股がつく。
内部は内陣と外陣に分けられ、境は方立つきの板唐戸が建てられている。床は板張り、天井は竿縁天井。向拝は面取り角柱に水引虹梁が渡されている。建立年代は棟札から知ることができる。

●黒貫寺本堂

建築年／天正14年（1586）
　　　　慶長11年（1606）
施工者／青木善作（大工頭）
所在地／西都市大字岩爪2050
交　通／国道219号経由

黒貫（くろぬき）寺は天慶9年（946）に隆元和尚によって創建されたという。本堂は方三間の床板張りで、禅宗様仏殿形式で、屋根は入母屋造の桟瓦葺きとなっている。
記録によると、天正14年上棟、慶長11年上葺き完成とあるが、寛文12年（1672）と安政4年（1857）の2回大修理がおこなわれ、建立年代を特定することはむずかしい。

河内屋商店

建築年／明治33年（1900）
設計者・施工者／不詳
所在地／西都市大字妻271-1
交　通／国道219号経由

全国どの市街地においても区画整理事業が進められ、ほとんどの地区が新たに生まれ変わっている。
この建物は市に中心地区にあるが、この一角だけは往時を偲ばせる古い景観が残されている。

大塚医院看護婦宿舎／大塚病院旧本館

建築年／大正4年（1915）
設計者・施工者／吉野啓一（棟梁）
所在地／西都市御舟町2-45
交　通／国道219号経由
特　記／非公開

木造2階建ての洋風医院建築で、保存はよい。新たに鉄筋コンクリート造の医院が建てられたため、この建物は建設当時の位置から後退させて残している。
正面に突き出した玄関があり、上部は一部ベランダとしている。内部は玄関を入ると中央に待合室、左手に診察室、右手に薬局、2階を住居部分とする大正期の医院建築の典型的な間取りである。
大正・昭和初期の木造建築が、つぎつぎと姿を消す中にあって、この建物もやがては同じ運命をたどるのであろうか。

●西都原考古資料館

建築年／昭和43年（1968）
設計者／川島甲士建築設計事務所
施工者／志多組
受　賞／日本建築業協会賞
所在地／西都市大字三宅西都原西5670
交　通／国道219号経由

西都原（さいとばる）資料館の敷地は、大小の古墳群が散在する北端の小高い丘陵地にある。建物は半分地中に埋もれたように建てられ、シェル状の屋根とトップライト群だけが、見え隠れする。コンクリートの壁面に沿った石段を下りると、正面玄関にでる。
考古資料室は無窓で、外光はトップライトからの採光である。シェル状の屋根部分は民俗資料室である。

●西都原古代生活体験館

建築年／平成９年（1997）
設計者／広瀬鎌二十文化財保存計画協会
施工者／橋口組
所在地／西都市大字三宅西都原西5670
交　通／国道219号経由

「考古資料館」の至近に建てられている。建物は管理・映像展示などガイダンス部門を中心としたセミナー棟と、体験学習棟に大別される。延床面積はセミナー棟が約572㎡、体験学習棟が約316㎡で、いずれも２階建て。この２棟は渡り廊下でむすび、両棟の西側を広場として、土器などが焼ける野外体験場としている。構造は２棟とも木造である。

旧赤木家住宅

建築年／江戸末期
設計者・施工者／不詳
所在地／都農町大字川北4942
最寄駅／JR日豊本線「都農駅」
特　記／非公開

以前は島津藩の本陣として使われるほどの旧家であった。建てられてから130年以上も経つので、土塀などは崩壊していて現在はないが、建物はよく保存されていて歴史的価値は高い。

上：静養館
右下：方舟館

●石井記念友愛社静養館＋方舟館

建築年／明治29年（1896）
設計者・施工者／不詳
所在地／木城町大字椎木644
最寄駅／JR日豊本線「高鍋駅」
特　記／非公開

日本における福祉事業の先駆者である石井十次の遺徳を受け継いで、昭和20年に「石井記念友愛社」が設立された。
石井十次は慶応元年（1865）に高鍋町に生まれ、岡山で医学を学んだが、若くして孤児救済事業に励み、岡山で孤児院を創設した。「静養館」と「方舟館」は大正期に岡山から解体して、高鍋町の隣町木城町の茶臼原に移築復元したものである。

●明倫堂書庫

建築年／安永7年（1778）
施工者／不詳
所在地／高鍋町大字筏550
最寄駅／JR日豊本線「高鍋駅」

明倫堂は高鍋藩の藩校で、7代秋月種茂のときに開校された。藩士の子弟はここで学ぶことが義務づけられていた。後に規模が拡大され、医学館・寄宿舎までもつようになり、書庫を含めて4棟にまで発展した。現在は書庫のみが残っている。昭和29年（1954）に現在の場所に移築し、保存されている。木造土蔵造、屋根は瓦葺きである。

●萬歳亭

建築年／昭和62年（1987）復元
所在地／高鍋町大字南高鍋字城内
最寄駅／JR日豊本線「高鍋駅」

高鍋藩主秋月種樹の居宅の別棟を移築・復元したものである。
屋根は瓦葺き、縁側部分が下屋の役目をはたしている。下屋部分の屋根は銅板葺き。外壁は下見板張りで、上部は土壁で仕上げられている。

●旧黒水家住宅

建築年／文化年間（1804）
　　　～文政年間（1830）
施工者／不詳
所在地／高鍋町大字上江黒谷
最寄駅／JR日豊本線「高鍋駅」

高鍋舞鶴城の近く武家屋敷街の一角にある。旧家老（黒水家）の典型的な武家造の屋敷で、平屋建て、屋根は草葺き。床・棚・付書院のある主室が鍵型に突き出していて、風格のある佇いである。武家門や塀もよく保存されている。

●街並み＝高鍋武家屋敷群

所在地／高鍋町新小路一帯
最寄駅／JR日豊本線「高鍋駅」

ここ高鍋は古くは財部（たからべ）といわれ、秋月氏が居城を構えたところである。現在の舞鶴公園が城跡で、石垣や堀がかろうじて往時を偲ばしてくれる。また、周辺は家老や上級武士の屋敷があり、藩校の明倫堂もあった。
城下町としては規模（2万7千石）が小さいが、風格のある街並みが形成されている。

摂社若宮社（左）・本殿（中央）・摂社今宮社（右）

●巨田神社本殿・摂社若宮社・摂社今宮社

建築年／本殿＝文安5年（1448）
摂社若宮社＝享保12年（1727）
摂社今宮社＝貞享3年（1686）
施工者／本殿＝大口五口（大工）
摂社若宮社＝泊吉兵衛（大工）
摂社今宮社＝木野本忠左衛門（大工）
指　定／本殿＝国指定重要文化財
摂社若宮社＝県指定文化財
摂社今宮社＝県指定文化財
所在地／佐土原町大字上田島字巨田
最寄駅／JR日豊本線「佐土原駅」

巨田（こた）神社は産土神（うぶすながみ）として、古くから多くの人々の信仰を集めてきた。

本殿＝彩色された社殿で、正面は三間庇付きの三間社流造、屋根はとち葺きとなっている。身舎の円柱に地長押、足元貫、切目・内法長押をめぐらせている。組物は正面・背面とも和様出三斗、側面は平三斗、四隅は連三斗となっている。
中備は正面と両側面が片蓋透蟇股が付けられ、軒は正面二軒、背面一軒の本繁垂木となっている。庇は吹放しで面取り角柱に虹梁形頭貫が通り、身舎とは両端で繋虹梁でむすばれている。組物は拳鼻付き平三斗で、両端は象頭木鼻を根肘木に連三斗となっている。

摂社若宮社＝本殿を正面として左側に位置し、一間社流見世棚造で屋根はとち葺きとなっている。身舎柱は八角形で床上は円柱である。柱頂部には舟肘木が据えられ、軒は一軒で角と繁垂木で構成されている。内部は竿縁天井で床は板張りとなっている。

摂社今宮社＝本殿をはさんで若宮社と対称に建てられている。細部は若宮社とかなり異なった部分が見られるが、構造形式は同じである。建立年代は棟札から知ることができる。

上：本殿組物装飾細部
右下：摂社今宮社

大光寺開山堂・鐘楼門

建築年／開山堂＝室町時代
　　　　鐘楼門＝昭和初期
施工者／不詳
所在地／佐土原町大字上田島767
最寄駅／JR日豊本線「佐土原駅」

開山堂＝鐘楼門をくぐり中に入ると、正面に相対して開山堂がある。当堂は低い基壇上に大屋根を架けた、安定感のある堂々とした建築で、唐様様式の堂である。
建物の正面の柱間は中央のみ広く、左右両脇にいくにしたがって狭くなっている。台輪上の組物は柱位置で出三斗、詰組は平三斗となっている。わずかに反りをもたせた垂木は一軒でまばらな配置である。

鐘楼門＝桁行5間梁間5間で、平面は正方形をしている。入母屋造で屋根は桟瓦葺き。全体に簡素なつくりである。

旧阪本家商家

建築年／明治38年（1905）
設計者・施工者／不詳
指　定／町指定文化財
所在地／佐土原町大字上田島
最寄駅／JR日豊本線「佐土原駅」

阪本家は、江戸の頃から味噌や醤油を商う商家であった。
木造2階建てで、延床面積約130㎡の入母屋造。当家は商人町として栄えた同町にあって、格式のある商家として中心的な存在であった。
現在は所有者から佐土原町に寄贈されたのを機に、改修されて同町の資料館になっている。

●愛和ゴルフクラブ・宮崎コース・クラブハウス

建築年／平成3年（1991）
設計者／黒川紀章建築都市設計事務所
施工者／清水建設
所在地／佐土原町大字東上那珂105
最寄駅／JR日豊本線「佐土原駅」

宮崎市内から車で約30分、空港からも同じく車で30分といった便利な位置にある。
周辺は自然環境に恵まれており、建築とこの自然環境とをいかに調和させるかが、計画の中心であった。その結果、建物の周囲に水を配し、あたかも建物が池に浮かんでいるかのように見せている。
建築は低層のクラブハウスと、高層のホテルから構成され、外壁はいずれもインド砂岩が使われ、曲線を主体とした形態でまとめられている。クラブハウスの屋根は、チタン鋼板一文字葺き。

●川中神社阿弥陀堂

建築年／江戸前期前記
施工者／不詳
所在地／綾町大字南俣字川中
交　通／県道26号経由

この阿弥陀堂は、板葺きの川中神社の脇にあり、粗い自然石の基壇にのる方三間堂である。回縁の四隅に柱を立てて切妻造となっている。
内部の来迎柱は後方に据えてあるため、大虹梁と大瓶束の力強い架構を見ることができる。
壁面の高さも含め、全体に比例がとれているが、後につけた屋根のために、その美しさを直接見ることができず、残念である。明治の廃仏毀釈の際破壊を免れた、貴重な仏堂である。一見の価値がある。

●綾城歴史資料館

建築年／昭和60年（1985）復元
施工者／地元大工
所在地／綾町大字北俣1012
交　通／県道26号経由

約600年前の山城の忠実な復元で、地元産の栂（つが）を主に使用した総木造建築である。歴史文献や武具などを展示した資料館として利用されているが、築城当時の風格を感じることができよう。

●綾陽記念館／旧綾陽小学校

建築年／明治22年（1889）
　　　　昭和43年（1968）改修移築
設計者・施工者／不詳
所在地／綾町大字北俣1012（綾城内）
交　通／県道26号経由

綾小学校は明治6年（1875）に創立された。同17年に近隣の3校と合併して綾陽小学校となり、綾光寺跡に建設された。昭和43年に、建物全体が綾城敷地内に移築され、「綾陽記念館」として利用されている。片廊下の木造校舎の原型を見ることができ、全国でも数少ない明治期の、貴重な学校建築の遺構である。

●酒泉の杜・骨董の館／旧清水家住宅

建築年／江戸末期（旧清水家住宅）平成元年（1989）移築復元
施工者／京都の宮大工
所在地／綾町大字南俣1800-19
交　通／県道26号経由

隣町の高岡町にあった町家を移築し、改修復元したものである。旧清水（きよみず）家住宅は、大きく高い切妻屋根をもった伝統的な日本家屋で、かつて外壁は白漆喰塗りの土蔵造に格子戸が続き、風格さえ感じる町家であった。内部は高い切妻屋根の小屋組を、そのまま見せている。空間は圧巻である。桁行き16.7ｍ、梁間18.01ｍ，二面下屋をもつ大振りの町家である。

河上家武家門

河上家武家門

建築年／正徳元年（1711）
施工者／不詳
指　定／町指定文化財
所在地／高岡町大字内山2900
　　　　（高岡小学校内）
交　通／国道10号経由

観音開門の武家門の代表的なものである。観音開門は両開き門で、左右のいずれかにくぐり戸がつけられ、夜間の出入りに使用された。また、この門を構えることができるのは、禄高80石以上の武家に限られていた。河上家は弓術の指南役で、禄高は200石余であったといわれている。現在は町に寄贈され町立の武道館（「練士館道場」）の門となっている。

安藤家武家門

建築年／安政4年（1857）頃
施工者／不詳
指　定／町指定文化財
所在地／高岡町大字五町266
交　通／国道10号経由

この門も河上家武家門と同じく観音開門で、後方に控柱をつけた腕木門という格式の高い門である。
安藤家は慶長5年（1600）に佐土原から移り住み、禄高は93石余で高岡では上級武士であった。

市来家長屋門

建築年／安政5年（1858）頃
施工者／不詳
指　定／町指定文化財
所在地／高岡町大字五町354
交　通／国道10号経由

市来（いちき）家は代々武術の師範を務める家柄である。
この長屋門は一般的な長屋門と異なり、門と長屋の棟の高さが異なる。門と長屋が合体する以前の、初期の長屋門の形態をよく表している門として貴重な遺構であるといえよう。

安井息軒旧宅

建築年／江戸末期
設計者・施工者／不詳
指　定／国指定史跡
所在地／清武町大字加納甲3368-1
最寄駅／JR日豊本線「清武駅」

安井息軒の生家である。木造平家建ての切妻屋根で、一部に下屋を回している。8畳と10畳の間が続き、東面して縁側、反対側に奥座敷と土間といったように質素な住まいである。息軒は寛政11年（1799）安井家の第2子として、清武町今泉岡に生まれた。25歳で江戸の昌平黌で学び、後に同黌の教授までになり、77歳で没した英才。

黒北発電所

建築年／明治39年（1906）
設計者・施工者／不詳
所在地／清武町大字船引字黒北
最寄駅／JR日豊本線「清武駅」

県内最初の水力発電所で、明治39年（1906）設立された日向水力電気が前身。現在は九州電力の所有となっている。建物は建設当時のままで、最大出力200kW、ドイツ製の発電機が用いられていた。

県西広域圏

都城市・小林市・えびの市・野尻町・高原町・高崎町・
高城町・山田町・山之口町・三股町・須木村

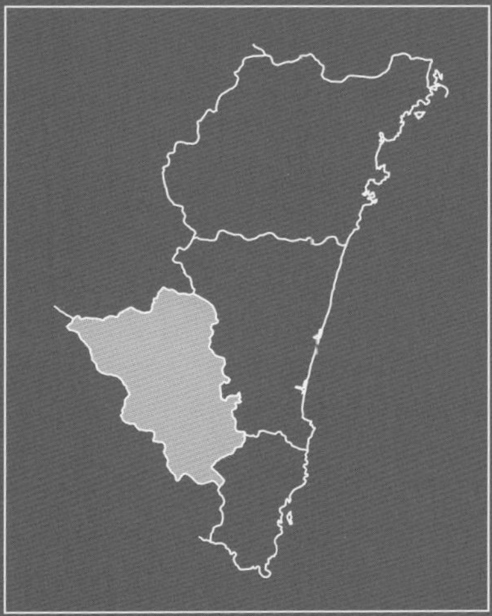

●興玉神社内神殿

建築年／応永６年（1399）
施工者／藤原國家（大工）
指　定／国指定重要文化財
所在地／都城市安久町字正応寺
最寄駅／JR日豊本線「都城駅」

興玉（こだま）神社本殿内に据えられた神殿は、もとは正応寺薬師堂の厨子と伝えられる。この厨子は方一間で、入母屋造の板葺き、一間社流造、銅板葺きの本殿内に安置されている。純粋な禅宗様で、拳鼻や木鼻の絵様を金泥塗りにするほか、黒漆塗りの豪華な厨子である。

●兼喜神社本殿

建築年／天明8年（1788）
施工者／不詳
指　定／市指定文化財
所在地／都城市都島町字五十町
最寄駅／JR日豊本線「西都城駅」

兼喜（けんき）神社は、本殿・舞殿・拝殿・御供所から構成されている。本殿は桁行3間梁間3間、入母屋造、向拝1間、屋根は銅板葺きとなっている。向拝柱には龍が、水引虹梁に瑞雲の彫刻が施されているが、これは旧薩摩藩独自の寺社彫刻手法である。極彩色の社殿。

●都城市民会館

建築年／昭和41年（1966）
設計者／菊竹清訓建築設計事務所
施工者／鹿島建設
所在地／都城市八幡町3
最寄駅／御池都城線「西都城駅」

この建築はメタボリストの旗手のひとりである設計者が、メタボリズム理論を実践した作品のひとつであるということができる。建築を変化する部分と変化しない部分とに分け、変化する部分をスチールと木で構成し、変化しない部分を鉄筋コンクリートで構成するといった方法をとっている。つまり、建築を増殖する部分と不変の部分に分節する考え方は、メタボリズム理論の基本といえる。
扇を広げたような特異な外観は、ランドマーク的存在である。扇の要にあたる部分は、構造と設備の要ともなっている。後に増築に伴い、屋外観客席と野外舞台の部分は撤去されている。

都城歴史資料館

建築年／平成元年（1989）
設計者／大分住宅研究室
施工者／東・木場建設共同企業体
所在地／都城市都島町803
最寄駅／JR日豊本線「西都城駅」

この資料館は、モデル木造施設事業（林野庁）の一環として建設されたものである。敷地は古くは「城山」と呼ばれる地区にあり、島津藩第2代北郷義久がここに築城したといわれるところである。資料館の建築形態は城を模している。木造3層2階建て、延床面積約860㎡、使用木材のほとんどは県内産の杉材である。

石橋＝大丸太鼓橋

建設年／弘化4年（1847）
施工者／不詳
指　定／市指定文化財
所在地／小林市大字東方

大丸（おおまる）太鼓橋は新田開発のために設けられた水路橋である。すぐ下流側に市道の橋が並行して架けられているため、橋全体を見ることはむずかしい。
壁石は大きな石を積み、石と石との間に隙間をとるといった特異な方法で築いている。

こんにちわセンター

建築年／平成7年（1995）
設計者／北山孝二郎＋K計画事務所
施工者／竹中工務店
所在地／都城市牟田町4街区10号
最寄駅／JR日豊本線「西都城駅」

この老人施設は、個人病院に隣接して建てられている。市街地にあるため、その利点を生かして、誰もが気楽に立ち寄れる開放的な施設として計画された。建物の中央の通路が、屋外の路地空間をイメージしている。通路を介して各部屋を結び、各部屋は一戸建ての要素を取り入れ、老人たちが生まれ育った環境と、あまり違和感を感じさせない空間の提供を心がけている。

宮崎県木材利用技術センター

建築年／平成13年（2001）
設計者／アルセッド建築研究所
施工者／大淀開発・吉原建設・丸宮建設・四本建設・トーア・日興建設・今村建設
所在地／都城市花繰町21-2
最寄駅／JR日豊本線「都城駅」

建物は管理・研究・総合実験・構造実験・加工実験・材料実験・車庫棟の7つの棟から構成される。各棟は建設会社が異なる。宮崎県産の主として杉材の利用促進、技術開発を目的とした拠点として位置づけられる。したがって各棟の構造材は、すべて杉の集成材が使用されている。地元の技術をいかした、大型木造建築のモデルケースともいえよう。

●菅原神社本殿

建築年／寛文5年（1665）
施工者／柊元権兵衛尉（大工）十長野宗兵衛尉（大工）
指　定／市指定文化財
所在地／えびの市大字西川北字宮ノ馬場
交　通／宮崎自動車道経由

当神社には、原道真と大山祇命（おおやまつみのみこと）が祀られている。
本殿は三間社流造、向拝一間の切妻造で、屋根は柿葺き。桟瓦葺き覆屋の中に南面して建てられている。
建物の特徴は白鳥神社同様両脇間に、やや腰高の盲連子窓を構えている点である。

●白鳥神社本殿

建築年／文化年間
施工者／不詳
指　定／市指定文化財
所在地／えびの市大字末永1479
最寄駅／JR吉都線「えびの駅」

古くは「白鳥六所権現」といわれ、軍神として歴代藩主の信仰を集めていた。
本殿は三間社流造、向拝一間で銅板葺き、浜床をつけている。菅原神社本殿同様両脇間に腰高盲連子窓を構え、腰板につくり出しの、彩色された唐獅子牡丹が飾られているのが特徴的である。

石橋＝大河平水路橋

建設年／江戸末期
施工者／不詳
所在地／えびの市大字大河平

大河平（おこびら）水路橋は、「めがね橋」の上流約500ｍいったところに架かっている。享保年間につくられた用水路のための橋である。橋面は約８ｍ、中央部に約１ｍの水路が設けられている。橋の左岸側は広場となっている。側面から見ると、あたかも堤防を築いたかのようにも見える。橋脚の石壁は、下部の壁面から上部にいくにしたがって後退し、台形状をしている。建設は江戸期と推測されるが、年代・石工とも特定できない。

石橋＝めがね橋

建設年／昭和３年（1928）
設計者／熊本営林局技師
施工者／福田休太郎・下青木某・小門某（石工）
指　定／国登録文化財
所在地／えびの市大字大河平

営林局の山林軌道橋として計画され、約９か月で完成している。材木の搬出が自動車に変わったため、昭和37年には廃線となり、現在は市道として利用されている。橋の下の上流側は展望広場として開放されている。比較的新しい石橋であるが、県内でもっとも規模の大きい橋である。

後藤本家住宅

建築年／昭和15年（1940）
設計者／東京・押川
施工者／田代角助（棟梁）
所在地／高城町大字高城町2825
交　通／国道10号経由

高城の後藤家は、初代当主後藤弐右衛門から数えて13代続く大地主である。現在の建物は12代当主後藤康太郎によって、昭和10年から5年の歳月をかけて建てられたものである。また、後藤家は日向地方一の山林王とも呼ばれ、約160万本近い樹木を所有していたといわれている。当然のことながら、建築木材は自己所有の山から伐り出した杉・檜などをふんだんに使い、地元の棟梁・大工を総動員して建てたのである。
建築面積1,212㎡、延床面積1,645㎡で、広大な敷地内に数棟の建物が、幾重にも瓦屋根を連なり見事な景観をつくり出している。

●旧後藤家商家交流資料館

建築年／明治33年（1900）頃
設計者・施工者／不詳
所在地／高城町大字高城町2857
交　通／国道10号経由

旧後藤家商家は、後藤本家から分家した後藤伊助と息子の五兵衛の時代に建てられた。伊助の父・五市は海運業で、兄の伊左衛門は林業で、息子の五兵衛は干拓事業で財を成し、高城町内はもとより、隣町の都城にまで多くの田畑を所有する大地主となった。さらに製糸業にまでと、建物とともに町のシンボル的存在であった。
商家は移転・改修され、新たに資料館として発足した。

●安楽寺納骨堂

建築年／昭和45年（1970）
設計者／光吉研究室（九州大学）＋綜合建築設計研究所
施工者／野崎組
所在地／山之口町大字下富吉3537
最寄駅／JR日豊本線「山之口駅」

躯体は鉄筋コンクリート打放しで、3層分の高さをもった多面体の建築。696基の位牌を納めた納骨堂である。
オーバーハング状の腹壁部分に出入のための開口が穿たれ、中央部は吹抜けとなっている。吹抜けを軸に徐々にステップアップしながら、トップライトを見上げることができる。さらにホールに上ると納骨室へと導かれる。

●石橋＝梶山橋

建設年／昭和16年（1941）
施工者／不詳
所在地／三股町大字梶山

本橋は長田峡の入口付近に架けられている。右岸側は河川敷が整備されて公園となっている。橋脚は大小2つのアーチで構成され、大きい方のアーチは川側を、小さい方のアーチは公園側をまたぐかたちになっている。公園側の小さなアーチの内側は、コンクリートで補強されている。

県南広域圏

日南市・串間市・北郷町・南郷町

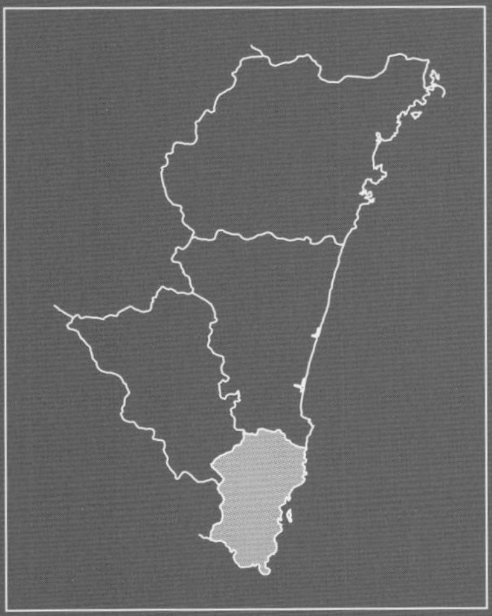

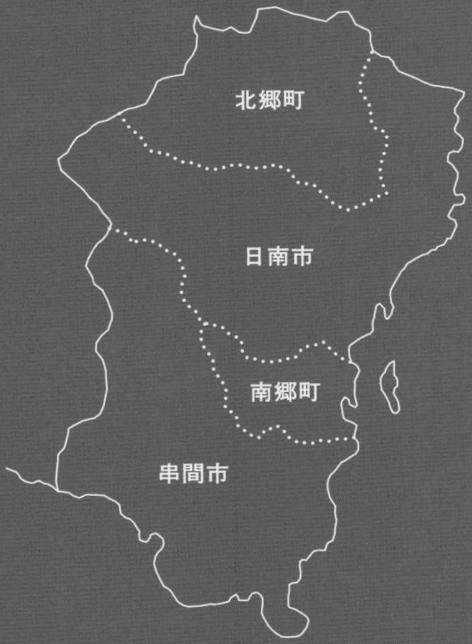

日南市街図
飫肥中
飫肥城址
飫肥小
430
飫肥駅
竹香園
日南高
222
酒谷川
飛ヶ峯川
鬼ヶ城山
東郷中
東郷小
東弁分
宮崎テック
神永神社
益安川
かんぽの宿日南
JR日南線
振徳商高
日南総合運動公園
吾田東小
28
高砂城山
日南市
日南学園高
吾田中
吾田小
広渡川
日南駅
吾田神社
日南市役所
日南市文化センター
王子製紙
酒谷川
3
広渡川
油津小
桜ヶ丘小
油津駅
油津中
堀川橋
春日町
油津赤レンガ館
杉村金物店
本店・倉庫
220
油津港
N
飫肥中
430
藩校振徳堂
飫肥城跡
飫肥小
旧伊東伝左衛門家住宅
裁判所
松尾の丸
服部亭
鳥居下公民館
飫肥城歴史資料館
鳥居下
日南市役所飫肥出張所
豫章館
図書館
大手門下
宮崎銀行飫肥支店
飫肥駅
日南市商家資料館
旧山本猪平家住宅
旧飯田医院
飫肥郵便局
222
飫肥城址入口
梅村享信家住宅
桶原
前鶴公園
酒谷川
飫肥町市街図

●街並み＝飫肥武家屋敷群

指　定／国選定伝統的建造物群保存地区
所在地／日南市飫肥3～10丁目一帯
最寄駅／JR日南線「飫肥駅」

伊東祐兵が天正15年に飫肥（おび）藩の藩主になってから城下町として栄え、藩主の屋敷や藩校の周りに多くの武家屋敷が建てられるようになった。飫肥町は北側を山に、東・南・西側は蛇行する酒谷川に囲まれ、東西900ｍ南北700ｍほどの範囲内に発達した町である。各屋敷には、洗練された切石・玉石積みの石垣や生け垣・板塀、風格ある長屋門や薬医門が遺されている。大手通りから八幡宮界隈にかけては、藩主の住宅を中心に藩校（「振徳堂」）や藩士の住宅があり、城下町としての落ち着いた景観を生み出している。しかし、これらの建物のほとんどは江戸末期の大火で焼失してしまい、現在ある大半の建物は、明治以降に江戸期の形式を踏襲して建てられたものが多い。

●藩校振徳堂

建築年／天保２年（1831）開校
施工者／不詳
指　定／市指定文化財
所在地／日南市飫肥10-2-1
最寄駅／JR日南線「飫肥駅」

飫肥藩13代藩主伊東祐相によって、これまでの学問所を改築して、本格的な藩校とした。儒学者安井滄州・息軒父子をはじめ学者を教授陣に迎え充実を計り、多くの英才を輩出した。明治の外交官小村寿太郎も、ここの出身である。
最盛期には、講堂・聖堂・槍場・藩公休息の間などと、東西２棟の寮を備え100名以上の藩校生を擁していた。

旧伊東伝左衛門家住宅

建築年／19世紀初期
施工者／不詳
所在地／日南市飫肥4-4-1
最寄駅／JR日南線「飫肥駅」

家老伊東祐周の次男伝左衛門が分家して創設した、飫肥藩にあって典型的な上級武士の住宅である。材料・構法とも当時のまま残されている。畳敷き7部屋、屋根は茅葺き（現在は瓦葺き）、縁の下を高くとり、縁側の板は飫肥杉の柾目板が使われている。格調の高い武家屋敷である。

松尾の丸

建築年／昭和54年（1979）
設計者／藤岡通夫（監修）
施工者／松井建設
所在地／日南市飫肥10-1-1
最寄駅／JR日南線「飫肥駅」

かつて取り壊されていた「局の館」を、時代考証に基づいて復元したものである。約825㎡の建物には、主玄関をはじめ御座の間、茶室、化粧の間、御寝所の間、長局棟、涼み櫓、湯殿など、江戸期の豪壮な住まいの様子をみることができる。

旧山本猪平家住宅

建築年／明治40年（1907）頃
設計者・施工者／不詳
所在地／日南市飫肥5-2-26
最寄駅／JR日南線「飫肥駅」

豪商の住宅で、建設当時の状態がよく保存されている。商人屋敷の遺構として貴重なものである。表通りに面して高い塀と門を構え、門の両脇は部屋と収納庫で、2つの庭を囲むようにして各部屋が有機的に結ばれ、当時の町屋の配置をみることができる。通路や土間に、陶器タイルが使用されているのが珍しい。

豫章館

建築年／明治２年（1869）
施工者／不詳
所在地／日南市飫肥9-1-1
最寄駅／JR日南線「飫肥駅」

飫肥城大手門の横に薬医門と塀を巡らせた屋敷があるが、この屋敷が明治期に藩主が移り住んだ豫章（よしょう）館である。
正面玄関の屋根は千鳥破風になっており、主玄関・脇玄関がつく入母屋造の建築。表向きが主座敷、奥が私的な部屋になっている。庭園は大石武学が創始した「武学流」の作庭である。

●飫肥城歴史資料館

建築年／昭和53（1978）平成15年（2003）改装
設計者／藤岡通夫（監修）
施工者／松井建設
所在地／日南市飫肥10-1-2
最寄駅／JR日南線「飫肥駅」

天正15年に伊東祐兵が藩主になってから、明治の藩籍奉還まで14代の城主が、ここ飫肥城を本拠とした。
平成15年に全面改装され、歴史資料館として発足した。歴代飫肥藩主の調度品をはじめ、甲冑・刀剣類、藩領図・地震古図、藩札、茶道具・衣装類にいたるまで、多くの歴史的史料が展示されている。

●服部亭／旧服部家住宅

建築年／明治44年（1911）
設計者・施工者／不詳
所在地／日南市飫肥4-3-19
最寄駅／JR日南線「飫肥駅」

武家屋敷群の一角にあり、敷地内には木造平家と、寄棟屋根の2階建ての住居がある。よく手入れの行き届いた庭園とともに、静かな佇まいを見せている。

●鳥居下公民館／旧鹿児島銀行飫肥支店

建築年／大正2年（1913）
設計者・施工者／不詳
所在地／日南市飫肥3-2-25
最寄駅／JR日南線「飫肥駅」

以前は、旧鹿児島銀行飫肥支店として使われていた建物である。
歴史的建築が多い飫肥町にあって、大手門のすぐ前の角地にあるため、かなり目立つ存在である。外壁は下見板張りで簡素なつくりであるが、町のランドマークとしても貴重な大正期の建築である。

旧飯田医院

建築年／大正13年（1924）頃
設計者・施工者／不詳
所在地／日南市飫肥2-5-18
最寄駅／JR日南線「飫肥駅」

飯田（はんだ）医院は、大正末期に建てられた洋風建築のひとつである。母屋に似合わない立派な玄関回りのつくりと、2階の双子屋根の対比が、奇妙なコントラストを見せてくれる。

梅村享信家住宅／旧梅村医院

建築年／大正14年（1925）
設計者・施工者／不詳
所在地／日南市飫肥6-7-26
最寄駅／JR日南線「飫肥駅」
特　記／非公開

大正末期の洋風住宅で、整然とした窓割りとシンプルな立面から、当時のモダン建築の姿を知ることができる。
石塀や門柱のていねいな仕上げとともに、ある種の風格さえ感じる住宅である。

●街並み＝飫肥本町通り商家群

所在地／日南市飫肥1・2丁目、5〜8丁目
最寄駅／JR日南線「飫肥駅」

慶応2年（1866）の大火で、400年の歴史をもつ本町通りの商家のほとんどが焼失してしまったが、その後再建され、現在も本町通りを中心に商家が残り、当時の雰囲気を伝えている。

●日南市商家資料館

建築年／明治3年（1870）
施工者／不詳
指　定／市指定文化財
所在地／日南市飫肥8-1-19
最寄駅／JR日南線「飫肥駅」

山林で財を成した山本五兵衛が建てた住まいで、桁行17.1m、間口11.4m、切妻屋根の土壁塗り平入り、木造一部2階建てである。所有者から市に寄贈されたのを機に、移移改修して「商家資料館」として公開されている。

●日南市文化センター

建築年／昭和37年（1962）
設計者／丹下健三十都市・建築設計研究所
施工者／大成建設
所在地／日南市中央通1-1-7
最寄駅／JR日南線「日南駅」

粗目の打放しコンクリートの大きな壁面に、開口部が極力抑えられ、圧倒的なコンクリートの量塊が迫ってくる。客席の傾斜に合わせた部分と、フライタワーを納めた部分の2つの大きなコンクリートの量塊が、山のように相互に重奏して外観の形態を特徴づけている。太陽光によってつくり出される光と影を、建築の造形に巧みに取り入れているといえよう。
ホール内の壁・天井ともすべて打放しコンクリート、客席800席の小規模なホールである。

杉村金物店本店・倉庫

建築年／倉庫＝大正9年（1920）
本店＝昭和7年（1932）
設計者・施工者／不詳
指　定／国登録文化財
所在地／日南市油津1-6-13
最寄駅／JR日南線「油津駅」

材木の積み出しから漁業と、戦前まで油津港は大いに栄えていた。杉村商店は漁具を中心に、船具・金物を扱い、油津港と堀川運河に面し店舗を構え、手広く商いをおこなっていた。はじめにレンガ造の倉庫が建てられ、後に主屋が完成した。
主屋は木造3階建てで1階が店舗、2･3階は居住部分となっている。2階には10以上の部屋があったという。外壁は銅板張り、屋根と1･2階の軒屋根は瓦葺きとなっている。和と洋が混在した、当時としてはモダンな建築であったと思われる。戦時中外壁の銅板は軍に供出したり、3階は戦火で一部消失したが、現在は建設時の状態に復元され、往時を偲ばせてくれている。

●油津赤レンガ館

建築年／大正11年（1922）
設計者・施工者／不詳
指　定／国登録文化財
所在地／日南市油津1-9-4
最寄駅／JR日南線「油津駅」

この建物は、河野家の倉庫として建てられた。河野家は本家・分家とも材木商や漁船用の石油を販売する石油商、ブリ網漁などさまざまな事業を手がけていた。
本倉庫はレンガ造中2階付きの3階建てで、延床面積170㎡、中央部の通路の天井はアーチ状になっている。このレンガ倉庫とともに、主屋も国の登録文化財に指定されている。一時はブティックなどに利用されていたが、平成9年に合名会社油津赤レンガ館が主屋・レンガ倉庫とも取得し、管理運営にあたっている。
「油津みなと街づくり委員会」など、街づくりグループが、この赤レンガ館を拠点に活動の幅を広げている。

石橋＝堀川橋／乙姫橋

建設年／明治36年（1903）
施工者／石井文吉（石工）
指　定／国登録文化財
所在地／日南市油津1丁目

堀川運河上に架けられた石橋で、運河に面して吾平津神社（乙姫神社）前に架かっていることから、別名乙姫橋とも呼ばれている。かつては油津港や周辺の町を結ぶ幹線道路の橋として、重要な役割をはたしていた。しかし、海岸寄りに港大橋が建設されてからはあまり利用されることがなく、現在は運河の水面に美しいアーチの姿を静かに映し出している。

石橋＝大谷橋

建設年／明治22年（1889）
施工者／不詳
所在地／日南市大字酒谷甲字深瀬

本橋の下流の国道222号に新橋（昭和46年）が架けられてから、あまり利用されなくなった。アーチ部分の石は外側がやや薄く、内側は厚い大きな石で巻き込んでいる。2連アーチの石橋などと異なり、独特な工法が用いられている。起拱石の幅はおよそ10ｍ、壁面は勾配をつけて壁石を布積み状に積み上げて、重厚な仕上げとなっている。近年補修工事がおこなわれ、石の欄干が設置された。

●鵜戸神宮本殿

建築年／昭和43年（1968）改築
施工者／不詳
指　定／県指定文化財
所在地／日南市大字宮浦3232
交　通／国道220号経由

創建は第10代宗神天皇の時代で、後に天台宗の光喜坊快久が別当となり、再興したと伝えられている。
社殿は日向灘に面した岩礁の洞窟の中に据えられている。洞窟の面積は約1,000㎡の広さである。

●都井岬燈台

建築年／昭和4年（1929）
設計者・施工者／不詳
所在地／串間市大字大納字野々杵80-2
交　通／国道448号経由

都井岬（といみさき）灯台は、昭和初期に建設された鉄筋コンクリート造の灯台である。場所は自生の野生馬で知られる都井岬の南端に位置し、緑の台地、紺碧の海と空を背景に、美しい景観をつくり出す。

串間市農業協同組合本城支所倉庫

建築年／昭和８年（1933）
設計者・施工者／不詳
所在地／串間市大字本城6007
最寄駅／JR日南線「串間駅」

昭和初期の石造の倉庫である。石積み表面の不規則な目地と粗いテクスチャー、妻側の突き出た控え壁が、倉庫というシンプルな建築に表情を与えている。

●串間市文化会館

建築年／平成3年（1991）
設計者／安井建築設計事務所
施工者／奥村・志多建設共同企業体
所在地／串間市大字西方6524-58
最寄駅／JR日南線「串間駅」

串間市の中心施設のひとつとして建設された。ここでは、市が目指す文化とスポーツの拠点として、各種のイベントが開催される。建物もそれに応えるべく、ていねいな設計がなされている。

●都井岬ビジターセンター／うまの館

建築年／平成6年（1994）
設計者／楠山設計
施工者／志多組
所在地／串間市大字大納42-1
交　通／国道448号経由

約300年に、高鍋藩が都井岬に馬の放牧場を開設したことにはじまる。やがてこれらの馬が野生化し、「御崎馬」と呼ばれる日本在来馬が現在も100頭近く生息している。
この施設は「御崎馬」の観察と自然環境を学ぶことを目的として建設された。建物は平家建て、2層分の円筒型の映像シアターが、それに付くといった構成になっている。

拝殿（左手前）・本殿（右手奥）

●榎原神社本殿・鐘楼・山門

建築年／本殿＝寛政10年（1798）
　　　　鐘楼＝天保13年（1842）
　　　　山門＝文化13年（1816）
施工者／本殿＝比江嶋杢治（盛大工）・河野次左衛門
　　　　鐘楼＝三里十平義直（大工頭取）
　　　　山門＝小八重又右衛門通久（棟梁）
指　定／本殿＝県指定文化財
　　　　鐘楼＝町指定文化財
　　　　山門＝県指定文化財
所在地／南郷町大字榎原甲1134のイ
最寄駅／JR日南線「榎原駅」

榎原（よわら）神社は万治元年（1653）の創建と記録にある。江戸時代までは榎原山権現と称されていた。

本殿＝三間社両流造で、石の間に拝殿が接続している。屋根は本殿・石の間・拝殿と一体になっているため、権現造と類似している。内部の形式から推測すると、拝殿にいたるまで正面幅が同一で、床の高さのみ本殿が一段高くなっているので、古代の双堂を連想させる。彫刻類の多い極彩色の社殿である。

鐘楼＝桁行3間梁行2間、袴腰付きで銅板葺きの入母屋造。袴腰付きの大型鐘楼としては、県内ではただひとつの遺構である。

山門＝三間一戸二重門で、入母屋造で屋根は銅板葺き。二重門としては、県内唯一の遺構である。

上：鐘楼（左手前）・山門（右手奥）
下：組物装飾細部

●鞍崎燈台／旧大島燈台

建築年／明治17年（1884）
設計者・施工者／不詳
所在地／南郷町大島
最寄駅／JR日南線「南郷駅」
目井津港より定期船利用

鞍崎（くらさき）灯台はわが国最初の鉄筋コンクリート造の灯台である。設計者は不明であるが、建設指導にあたったフランス人技師によるものと推測される。石積みの台座の上に建ち、ドーム屋根を戴いた白い灯台の姿は、周辺の景観と一体となった風景を見せてくれる。

●くろしおドーム

建築年／平成14年（2002）
設計者／別当設計
施工者／竹井・川野建設共同企業体
所在地／南郷町大字西町1-1
最寄駅／JR日南線「南郷駅」

延床面積3,904㎡、アーチ状屋根をもつ木造ドームである。
屋根・天井を支える構造材としての大梁は、すべて集成材が用いられている。

●南郷ハートフルセンター

建築年／平成7年（1995）
設計者／宮崎設計
施工者／青木・竹井・川野建設共同企業体
所在地／南郷町大字中村乙7051-25
最寄駅／JR日南線「南郷駅」

ハートフルセンターは、町の文化活動の拠点施設として計画された。
施設は約800席の大ホール、300席の小ホール、その他大小の研修室、会議室、視聴覚室、美術工芸室、図書館などで構成されている。また、この施設がある周辺には、各種のスポーツ・レクリエーション施設も完備しており、町の総合文化・レクリエーションゾーンとして期待される。

「寺社建築」用語の読み方

「寺社建築」図解

掲載作品の手引き

「寺社建築」用語の読み方

「寺社建築」には構法・建築細部の名称などに、特有の用語と読み方がある。ここでは、解説文中で使用した用語のほかに、主な用語の読み方を記した。また、図解を付して読者の理解に資すればと考えた。
なお、図解は著者・前久夫氏および出版元・東京美術のご好意により、「寺社建築の歴史図典」から転載させていただいた。この場を借りて感謝申し上げたい。用語説明等に関して詳細を知りたい場合は、同書を参考にされることをお薦めする。(編著者)

【あ】
相の間＝あいのま
校倉造＝あぜくらづくり

【い】
石の間＝いしのま
板蟇股＝いたかえるまた
板軒＝いたのき
一間社＝いっけんしゃ
入母屋造＝いりもやづくり

【う】
内法長押＝うちのりなげし
腕木門＝うできもん

【え】
海老虹梁＝えびこうりょう

【お】
笈形＝おいがた
押板＝おしいた
尾垂木＝おだるき
鬼斗＝おにと
折上天井＝おりあげてんじょう

【か】
蟇股＝かえるまた
頭貫＝かしらぬき
春日造＝かすがづくり
堅魚木＝かつおぎ
花頭窓＝かとうまど
冠木＝かぶき
亀腹＝かめばら
唐破風＝からはふ
唐門＝からもん
側柱＝がわばしら

【き】
木負＝きおい
基壇＝きだん
狐格子＝きつねこうし
木連格子＝きつれこうし
木鼻＝きばな
擬宝珠＝ぎぼし
切妻造＝きりつまづくり
切目縁＝きりめえん
切目長押＝きりめなげし

【く】
降棟＝くだりむね
組入天井＝くみいれてんじょう
組物＝くみもの
雲斗＝くもと
雲肘木＝くもひじき
庫裏＝くり
繰型＝くりかた

【け】
懸魚＝げぎょ
化粧垂木＝けしょうだるき
桁＝けた
桁行＝けたゆき
間斗束＝けんとづか

【こ】
格天井＝ごうてんじょう

向拝＝こうはい
高欄＝こうらん
虹梁＝こうりょう
虹梁蟇股＝こうりょうかえるまた
虹梁大瓶束＝こうりょうたいへいづか
木口＝こぐち
杮葺＝こけらぶき
腰板＝こしいた
拳鼻＝こぶしばな
小屋組＝こやぐみ
権現造＝ごんげんづくり

【さ】
扠首組＝さすぐみ
実肘木＝さねひじき
皿斗＝さらと
桟唐戸＝さんからど
桟瓦葺＝さんがわらぶき
三間社＝さんげんしゃ

【し】
式台＝しきだい
仕口＝しぐち
繁垂木＝しげだるき
地覆＝じふく
須弥壇＝しゅみだん
書院造＝しょいんづくり
上段＝じょうだん
上棟＝じょうとう
支輪＝しりん
寝殿造＝しんでんづくり
心柱＝しんばしら
神明造＝しんめいづくり

【す】
透彫＝すかしぼり
数寄屋＝すきや
厨子＝ずし
簀子縁＝すのこえん
隅木＝すみぎ
隅棟＝すみむね

【せ】
折衷様＝せっちゅうよう
禅宗様＝ぜんしゅうよう

【そ】
象鼻＝ぞうばな
礎石＝そせき

【た】
大社造＝たいしゃづくり
大仏様＝だいぶつよう
大瓶束＝たいへいづか
台輪＝だいわ
手挟＝たばさみ
多宝塔＝たほうとう
垂木＝たるき

【ち】
千木＝ちぎ
稚児棟＝ちごむね
千鳥破風＝ちどりはふ

【つ】
築地塀＝ついじべい
継手＝つぎて
繋虹梁＝つなぎこうりょう
妻飾＝つまかざり
妻降＝つまくだり
詰組＝つめぐみ
連三斗＝つれみつと

【て】
出組＝でぐみ
出三斗＝でみつと

【と】
斗栱＝ときょう

【な】
内陣＝ないじん
中備＝なかぞなえ
長屋門＝ながやもん
流造＝ながれづくり
長押＝なげし

【に】
二重門＝にじゅうもん

【ぬ】
貫＝ぬき
布敷＝ぬのじき

【ね】
根肘木＝ねひじき

【の】
軒唐破風＝のきからはふ
野面積＝のづらづみ

【は】

拝殿＝はいでん

八幡造＝はちまんづくり

鼻隠板＝はなかくしいた

鼻繰＝はなぐり

跳高欄＝はねこうらん

破風＝はふ

浜縁＝はまえん

浜床＝はまゆか

梁間＝はりま

梁行＝はりゆき

【ひ】

日吉造＝ひえづくり

庇＝ひさし

肘木＝ひじき

一手先＝ひとてさき

一軒＝ひとのき

平入＝ひらいり

平三斗＝ひらみつと

檜皮葺＝ひわだぶき

【ふ】

吹放し＝ふきはなし

吹寄垂木＝ふきよせだるき

武家門＝ぶけもん

二手先＝ふたてさき

二手先組＝ふたてさきぐみ

二軒＝ふたのき

舟肘木＝ふなひじき

【へ】

幣殿＝へいでん

【ほ】

宝形造＝ほうぎょうづくり

宝珠＝ほうじゅ

方丈＝ほうじょう

方立＝ほうだて

本蟇股＝ほんかえるまた

本瓦葺＝ほんかわらぶき

本繁垂木＝ほんしげだるき

本殿＝ほんでん

【ま】

巻斗＝まきと

斗＝ます

【み】

水引虹梁＝みずひきこうりょう

見世棚造＝みせだなづくり

三斗組＝みつとぐみ

三棟造＝みつむねづくり

三手先＝みてさき

三手先組＝みてさきぐみ

三軒＝みのき

【む】

向唐門＝むかいからもん

六手先＝むてさき

棟門＝むなかど

棟札＝むなふだ

棟＝むね

棟上＝むねあげ

【め】

面皮柱＝めんかわばしら

面取＝めんとり

【も】

裳階＝もこし

母屋(身舎)＝もや

【や】

薬医門＝やくいもん

櫓＝やぐら

八脚(足)門＝やつあしもん

【よ】

寄棟造＝よせむねづくり

四脚(足)門＝よつあしもん

四手先＝よてさき

【ら】

欄間＝らんま

【り】

輪蔵＝りんぞう

【れ】

霊廟＝れいびょう

連子窓＝れんじまど

【ろ】

楼門＝ろうもん

【わ】

枠肘木＝わくひじき

輪垂木＝わだるき

和様＝わよう

◉本堂（明通寺）

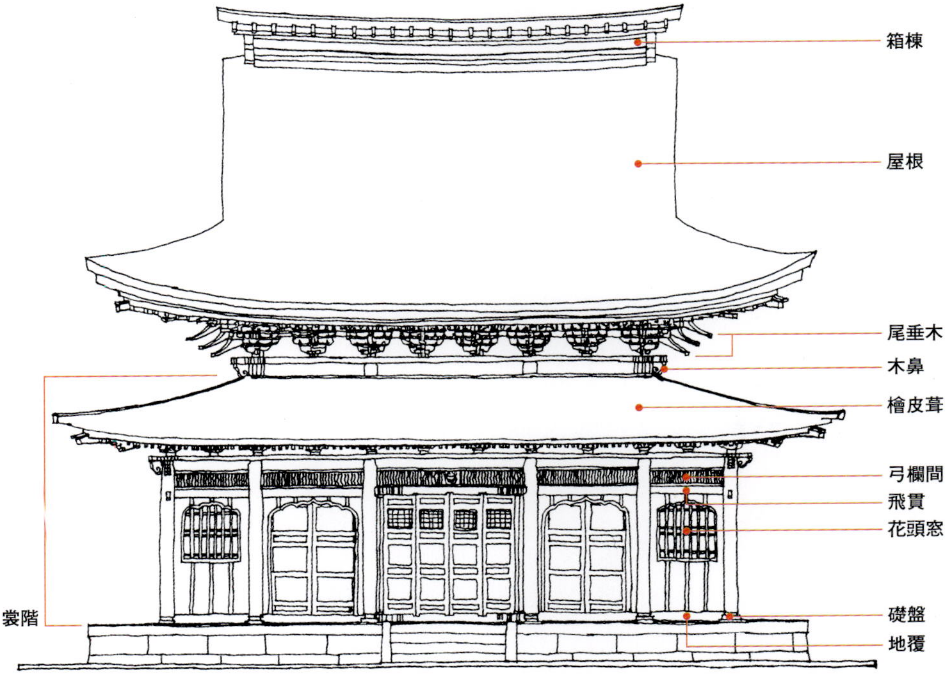

◉舎利殿（円覚寺）

◉斗栱

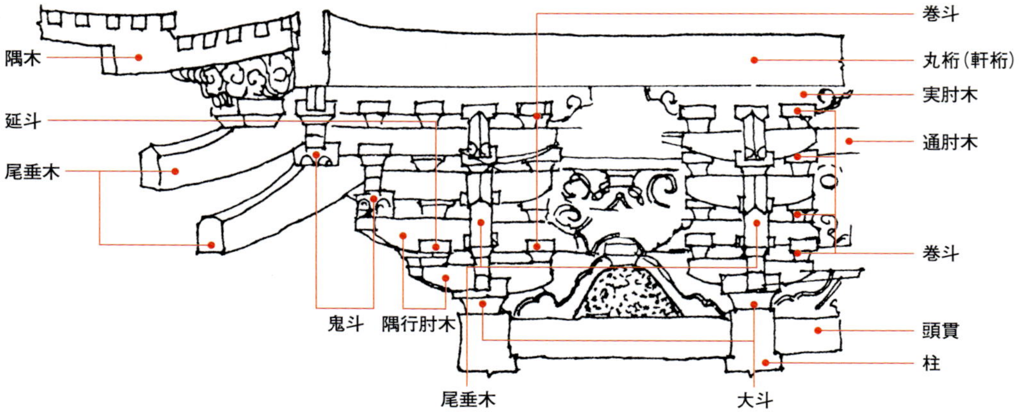

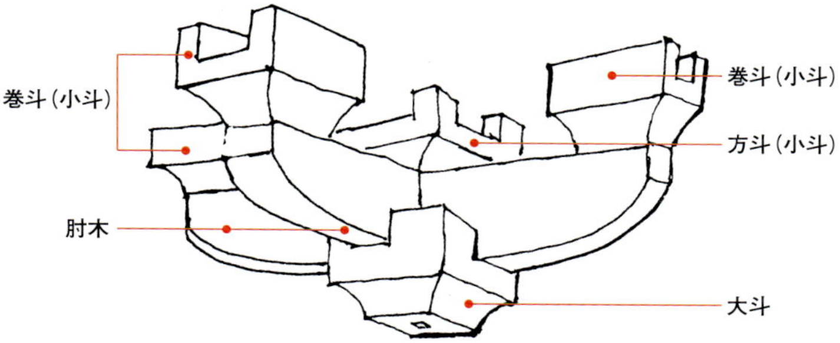

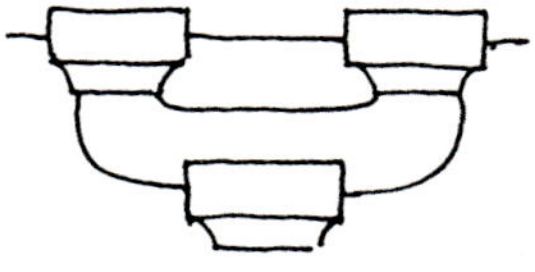
二斗

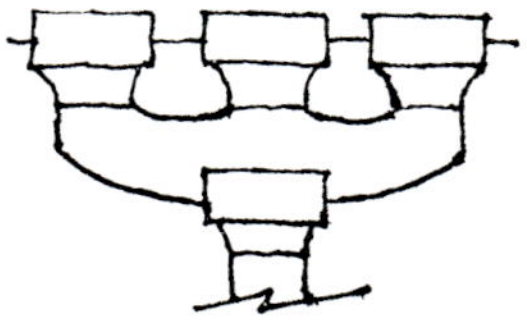
平三斗

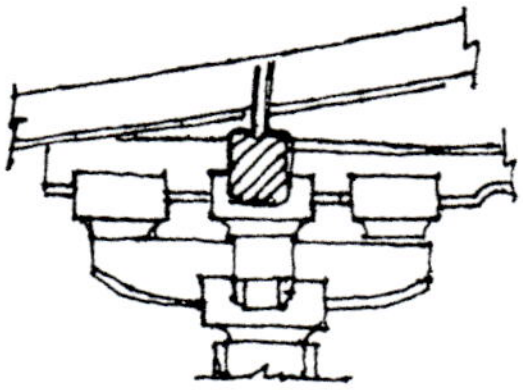
出三斗

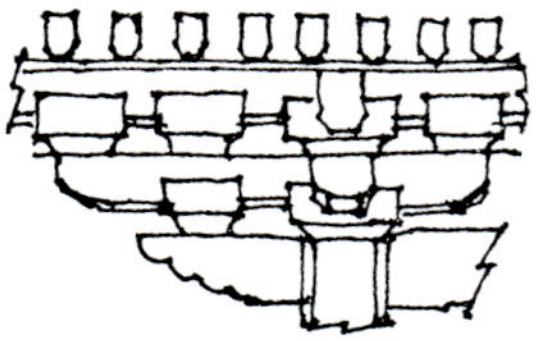
連三斗

◉出組

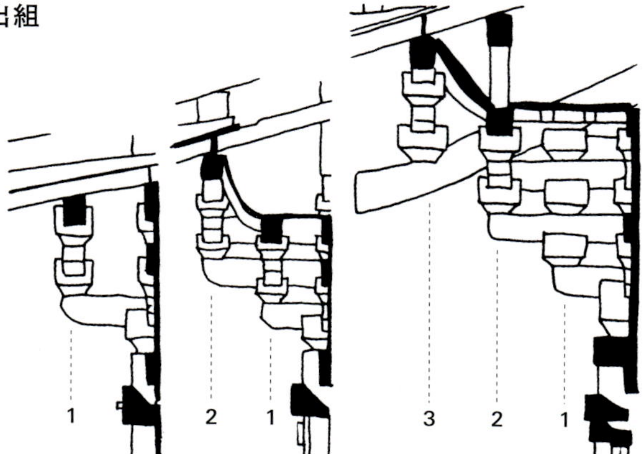

一手　二手　三手

◉屋根

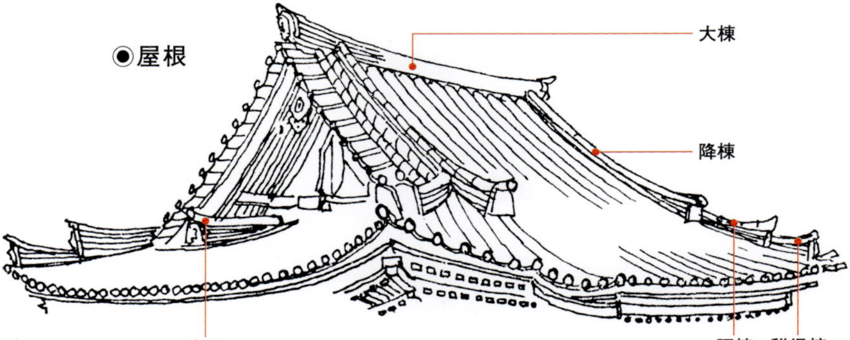

◉木鼻

龍頭獣脚

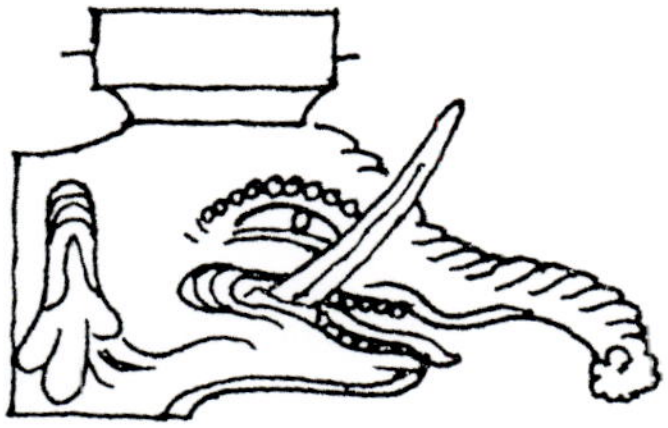

象鼻

獏鼻

◉垂木

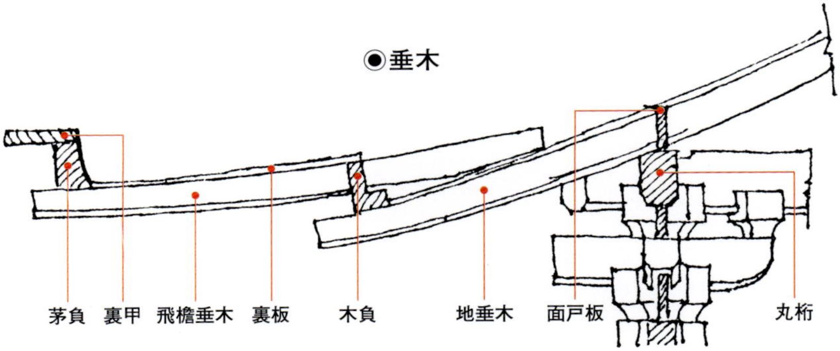

◉虹梁

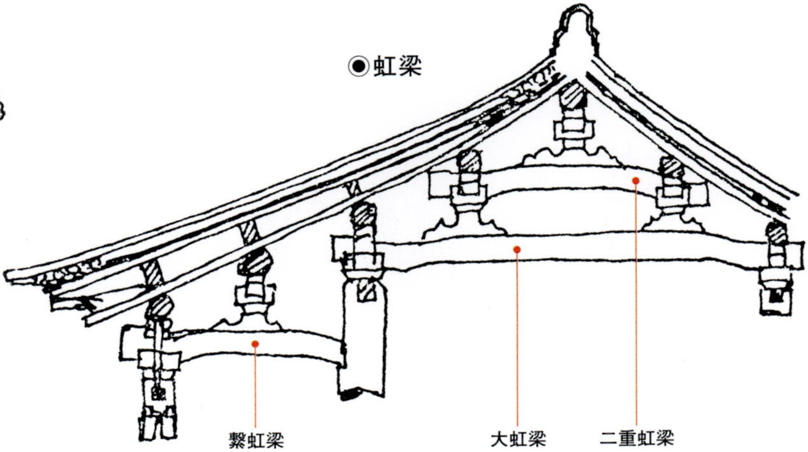

◉金堂（唐招提寺）

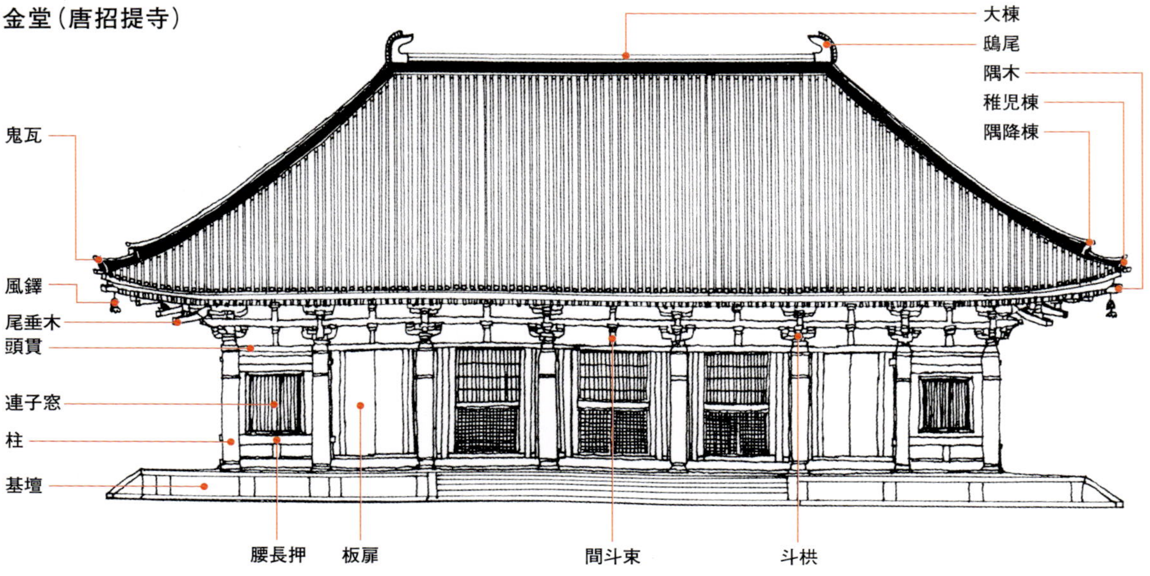

◉本殿

出典：前久夫著「寺社建築の歴史図典」（東京美術・2002年）

掲載作品の手引き

●あ行

愛和ゴルフクラブ・宮崎コース・クラブハウス 73
青山眼科医院 12
赤沢家住宅 33
油津赤レンガ館 104
天岩戸神社本殿・拝殿 21
綾城歴史資料館 75
綾陽記念館／旧綾陽小学校 75
安藤家武家門 77
安楽寺納骨堂 90
石井記念友愛社静養館十方舟館 66
石垣の村・戸川地区 24
市来家長屋門 77
上野原橋 36
鵜戸神宮本殿 106
梅村享信家住宅／旧梅村医院 100
英国館 23
大谷橋 105
大塚医院看護婦宿舎／大塚病院旧本館 62
大丸太鼓橋 85
大御神社 16
大河平水路橋 87
飫肥城歴史資料館 98
飫肥武家屋敷群 93
飫肥本町通り商家群 101

●か行

梶山橋 90
河上家武家門 77
河内屋商店 62
川中神社阿弥陀堂 74
祇園神社本殿 30
旧赤木家住宅 65
旧伊東伝左衛門家住宅 95
旧黒木家住宅 44
旧黒水家住宅 68
旧後藤家商家交流資料館 89
旧阪本家商家 72
旧椎葉の民家／旧清田司家住宅 46
旧田原村役場 20
旧飯田医院 100
旧藤田家住宅 43
旧山本猪平家住宅 95
串間市農業協同組合本城支所倉庫 108
串間市文化会館 109
鞍崎燈台／旧大島燈台 112
黒北発電所 78
くろしおドーム 113
黒貫寺本堂 61
兼喜神社本殿 82
巨田神社本殿・摂社若宮社・摂社今宮社 70
興玉神社内神殿 81
後藤本家住宅 88
金光寺山門・鐘楼 31
こんにちわセンター 85

●さ行

西都原考古資料館 63
西都原古代生活体験館 64
三ケ所神社本殿 28
椎葉民俗芸能博物館 40
酒泉の杜・骨董の館／旧清水家住宅 76
性虎八幡宮本殿 32
白鳥神社本殿 86
神橋 22
菅原神社本殿 86

杉村金物店本店・倉庫 103
瀬戸橋 34
全長寺 35

●た行

大光寺開山堂・鐘楼門 72
高千穂神社本殿 19
高鍋武家屋敷群 69
都萬神社本殿 61
鶴の平橋 26
都井岬燈台 107
都井岬ビジターセンター／うまの館 109
鳥居下公民館／旧鹿児島銀行飫肥支店 99

●な行

中小屋天文台 35
中畑神社本殿 20
那須家住宅／鶴富屋敷 39
南郷ハートフルセンター 113
南州翁寓居跡／旧児玉家住宅 26
西の正倉院 38
西米良の民家／旧黒木幸見家住宅・馬屋 45
日南市商家資料館 101
日南市文化センター 102
延岡市公民館／野口記念館 12

●は行

服部亭／旧服部家住宅 99
藩校振徳堂 94
萬歳亭 67
日高家住宅 11
日向市中央公民館 14
日向市歴史民俗資料館／旧廻船問屋河内屋 13
福島家住宅 46
平和の塔 51
細島験潮場建屋 14
細島みなと資料館／旧高鍋屋旅館及び付属屋 15
堀川橋／乙姫橋 105
本谷昭和橋 17

●ま行

廻渕天神社本殿 27
松尾の丸 95
神門神社本殿 37
美々津町家群 18
都城市民会館 83
都城歴史資料館 84
宮崎大宮高校100周年記念館 55
宮崎空港ターミナルビル 54
宮崎県警察学校武徳殿 50
宮崎県総合青少年センター／青島少年自然の家 53
宮崎県総合博物館 52
宮崎県庁本館 48
宮崎県庁南第2別館／旧第一勧業銀行宮崎支店 49
宮崎県木材利用技術センター 85
宮崎県立科学技術館 54
宮崎県立芸術劇場 57
宮崎県立図書館 56
宮崎県立美術館 56
宮崎神宮旧徴古館 47
宮崎フェニックス・シーガイヤ・リゾート 58
みやざき歴史文化館 60
明倫堂書庫 67
めがね橋 87

●や行

安井息軒旧宅 78
豫章館 96
榎原神社本殿・鐘楼・山門 110

●わ行

若山牧水生家 34

参考文献

「国宝・重要文化財建造物目録」＝文化庁編／第一法規出版発行（1990年）

「新版・日本近代建築史総覧」＝（社）日本建築学会編／技報堂出版発行（1983年）

「総覧：日本の建築9」＝（社）日本建築学会編／新建築社発行（1988年）

「宮崎県建築百景」＝宮崎県（土木部建築住宅課）編／宮崎県発行（1990年）

「建築ガイドブック・1864-1993」＝新建築編集部編／新建築社発行（1994年）

「新建築」（1959年〜2002年各号）＝新建築編集部編／新建築社発行

「宮崎の石橋マップ」＝宮崎「橋の日」実行委員会編・発行（2001年）

「三ケ所神社本殿調査報告書」＝森弦男（2001年6月）

「国宝大事典5・建造物」＝鈴木嘉吉／講談社発行（1990年）

「寺社建築の歴史図典」＝前久夫著／東京美術発行（2003年）

「図解・建築用語辞典」＝建築用語辞典編集委員会編／理工学社発行（1998年）

＊本書の取材・編集に際して、各施設の管理者および関係者から多くの助言と情報の提供を受けました。
発行にあたって、（社）日本建築士会連合会・（社）宮崎県建築士会の多大なご支援をいただきましたことを、
併せて感謝いたします。

監修者

藤森照信（ふじもり・てるのぶ）

長野県生まれ。東北大学工学部建築学科卒。東大大学院博士課程修了。現在建築史家・東大生産技術研究所教授（日本近代建築）。
主な著書に「日本の近代建築（上・下）」（岩波新書）、「明治の東京計画」（岩波書店）、「建築探偵の冒険・東京編」（ちくま文庫）、「建築探偵東奔西走」「建築探偵雨天決行」「建築探偵神出鬼没」「建築探偵奇想天外」（朝日文庫）、「タンポポ・ハウスのできるまで」（朝日新聞社）、「看板建築」（三省堂）、「昭和住宅物語」（新建築社）ほか多数。

編著者

駒見宗信（こまみ・むねのぶ）

東京都生まれ。東京都立大学（経済）と日本大学（建築）で学ぶ。東洋経済新報社を経て新建築社編集部に入社。「別冊新建築」編集長を経て独立。現在建築評論・編集者。
主な編書に「三井本館」「網町三井倶楽部」（三井不動産）。著書に「住空間の演出と手法」（市ヶ谷出版）、シリーズ「建築と街並み」（長野・宮城・栃木）など。

写真家

森下茂行（もりした・しげゆき）

岡山県生まれ。日本大学芸術学部映画学科卒業後、渡英（ロンドン）。
主な写真集に「ロンドンのパブ」（駸々堂）、「The National Trust」（AD田中一光／駸々堂）。主な個展に「英国の自然と文化」（コニカ特設ギャラリー）、「ナショナル・トラスト」（有楽町西武／世田谷美術館）など。受賞にニューヨークADC銀賞（1994）。

デザイン・レイアウト

株式会社プラスミリ

ディレクター：住友博昭
デザイナー：奥定泰之

取材・編集を終えて

早起きする習慣が身についているせいか、いつもの起床時間に目が覚めてしまった。完全に覚醒するまで床にいるのも時間の無駄のような気がして、宿を抜け出して表に出るが、まだ辺りは一面薄暗い。遠方の山々の峰には、乳白色の薄い沙布を掛けたような朝靄が漂っている。山々の端は朝日を迎える準備をしているかのように、うっすらと赤味をおびている。
ここはまだ高千穂山系の中である。神話の里である。いま目の当たりにしている情景は、神話伝説を信じるにたる神々しい気持ちにさせてくれる。かつて、古来の人々もこうした情景を幾度となく眺めていたことだろう。前日、取材の途中で見た素朴であるが力強い神楽の舞いが、私の脳裏に残影として残り、一層、その観を深めたのかもしれない。
宮崎県内を建築や街並みを求めて取材の旅をしていると、同じ県内であっても、地域によって微妙な差異を発見する。それは、そこに生活する人々の立ち振る舞いであったり、景観の違いは無論のこと建築の造形や意匠の違いであったりするが、短期間で取材を続けている者にとっては、瞬時に他の地域との明瞭な比較が可能となる。感覚的ではあるが、その違いを肌や嗅覚で感知することができる。さらに広くいえば、国と国との国民性、県と県との県民性の違いにも通じることでもあろうが、この違いを一言で表現するには、むずかしいものがある。
見学者の便宜を考慮して宮崎県を4つの広域圏に区分したが、建築的に見ればこれらの広域圏にはさほどの差異は見られない。明治初年にはじまる廃仏毀釈の波や、隣接する薩摩藩の影響によるものか、都城市を中心とする県西や日南市を中心とする県南には、めぼしい寺院建築を見出すことができなかった。かろうじて県央の「大光寺」(佐土原町)と「黒貫寺」(西都市)くらいである。しかし、神社建築には優れたものが多く、重文の「巨田神社」(佐土原町)をはじめ二十数社を数える。権現造の「榎原神社」(南郷町)を除いて、他のすべての神社が流造であることと、「三ヶ所神社」(五ヶ瀬町)に代表される県北には、建築細部に精緻な彫刻を施した神社が多いことが特徴といえよう。
椎葉村の民家や飫肥町・高鍋町の武家屋敷群、日向市の美々津や飫肥町の歴史的街並み、渓谷に架かる石積みのアーチ橋や海に向かって毅然と立つ灯台など、どれもが環境に溶け込み景観美を構成する重要な要素となっている。
「環境は人を育み、人は環境に学び文化を創造する」と、こんな感慨に浸りながら宮崎の取材を終えた。

(編著者・駒見宗信)

宮崎の建築と街並み

2003年10月26日　初版第1刷発行

監修　藤森照信
編著　駒見宗信
撮影　森下茂行
発行人　前田哲次
発行所　KTC中央出版
〒460-0008 名古屋市中区1丁目22-16 ミナミビル
TEL：052-203-0555　FAX：052-203-1474
振替：00850-6-33318
〒163-0230 東京都新宿区西新宿2丁目6-1 新宿住友ビル30階
TEL：03-3342-0550　FAX：03-3342-0877
制作　株式会社プラスミリ
〒150-0036 東京都渋谷区南平台町15-1-305
TEL：03-5428-6142　FAX：03-5428-6143
印刷　図書印刷株式会社

ISBN 4-87758-316-5 C0052